# 무비 스님의
# 발심수행장 강의

무비 스님의
# 발심수행장 강의

조계종
출판사

# 강의를 시작하며

『초발심자경문初發心自警文』은 최초로 보리심菩提心을 발發한 사람이 지켜야 할 덕목을 적은 기본 규율서로, 고려 중기 지눌 스님이 지은 「계초심학인문誡初心學人文」과 신라 원효 스님이 쓴 「발심수행장發心修行章」, 고려 후기 야운野雲 스님이 지은 「자경문自警文」을 합본한 책입니다. 그중 「발심수행장」은 보리심을 발한 사람의 수행에 관한 글입니다. 여기에는 두 가지의 뜻이 있습니다. 발심한다는 것과 발심을 해서 수행을 한다는 것입니다. 이 글의 전체 내용은 발심과 수행에 관한 말씀으로 구성되어 있습니다.

해동海東은 우리나라를 뜻하지요. 중국에서 볼 때 바다 동쪽에 있는 나라라는 뜻입니다. 사문沙門은 구도求道하는 구도자, 도를 구하는 자, 모든 번뇌를 쉬어 버리고 부지런히 불법을 닦아 나가는 사람이라는 뜻이지요.

원효元曉는 으뜸가는 새벽, 첫새벽이라는 뜻이 됩니다. 원효 스님에 대해서는 잘 알려진 분이라 길게 설명드릴 필요는 없겠습니다만, 그래도 조금은 짚고 넘어갈까 합니다. 원효 스님은 617년에 태어나셔서 686년에 열반하셨습니다. 불교사적으로는 신라를 대표하는 위대한 큰스님이라고 말하지만, 한국불교사뿐만 아니라 세계사에서도 뛰어난 사상가, 성자로 추앙해도 결코 손색이 없습니다.

불교 역사 전반을 통해서 보면, 물론 인도에는 부처님의 훌륭한 제자들이 많았고, 많은 저술과 훌륭한 업적을 남기신 스님들이 많았습니다. 중국도 마찬가지입니다. 특히, 한 스님이 100권 이상을 저술한 경우는 많지 않습니다. 인도에는 용수보살龍樹菩薩, 중국에는 천태지자대사天台智者大師가 있으며, 우리나라는 원효대사가 있습니다.

원효 스님은 신라 진평왕 39년 압량군 불지촌, 지금의 경산군 압량면 신월동에서 태어났는데, 태어날 때부터 여러 가지 신기한 상서가 있었다고 전해지지요. 어릴 때의 이름은 서동이었습니다.

원효 스님은 열 살에 출가를 했습니다. 옛날 큰스님들은 늦게 출가를 해서 성도하신 분들도 계십니다만, 아주 어려서 출가를 해서 도를 이루신 분들이 많지요. 불교에서는 동진출가를 알아줍니다. 그것은 세속의 때가 묻기 전 아주 맑은 영혼, 총명한 시기에 불교 공부를 하게 되면 아무래도 효과가 크기 때문이겠지요.

원효 스님도 열 살에 출가를 해서 천재성을 발휘했지요. 특별한 스승은 없었다고 전해집니다만, 그 당시 유명한 큰스님과 학자들을 찾아다니면서 공부를 많이 했었습니다. 그러다가 34세에 당나라에 유학을 가는데 의상 스님과 함께 압록강을 건너서 요동까지 갔으나, 국경수비대에 붙들려서 되돌아왔다는 기록이 있습니다.

그 후 10년쯤 국내에서 공부하시다가 마흔다섯 살 나이에 다시 의상 스님과 당나라 유학길에 나섰습니다. 그때는 해로를 이용하기로 작정을 하고 백제 땅이었던 당주계唐州界라는 항구에 당도했는데, 날은 어둡고 비바람은 치고 해서 어느 움막 같은 데 들어가 잠을 자게 되지요. 잠결에 목이 말라 일어나 물 한 바가지를 아주 달게 마시고는 기분 좋게 단잠을 잤어요. 자고 일어나 어젯밤에 마신 그 바가지 물을 보니 해골바가지 물이더라 이거지요. 그 해골바가지에는 아직도 피고름 찌꺼기의 흔적이 남아 있었는데, 거기에 빗물이 고인 것을 맑은 물로 생각하고 마셨단 말입니다. 그것을 보는 순간 비위가 상해 토吐하다가 크게 깨달았다는 겁니다. 어제 저녁에는 물이라고 생각해서 참 달게 마셨는데, 오늘 아침에는 같은 물인데도 불구하고 해골바가지에 담긴 썩은 물이라고 생각하니 어찌하여 이렇게 구역질이 나고 토해서 도저히 견딜 수 없는 상황이 되었는가? 이것이 도대체 무슨 도리인가? 그야말로 모든 것이 이 한 마음의 조작이다! 이렇게 해서 마음의 도리임을 깨닫지요.

심생즉종종법생(心生則種種法生)
심멸즉촉루불이(心滅則髑髏不二)
삼계유심 만법유식(三界唯心 萬法唯識)

심외무법 호용별구(心外無法 胡用別求)
한 마음 일으키니 갖가지 분별 생기고
한 마음 거두니 해골과 바가지가 둘이 아니네.
삼계가 오직 마음이고, 만법이 오직 마음의 작용일 뿐
마음 밖에 다른 법이 없으니, 어찌 따로 구할 것이 있으리오.

"마음 밖에 따로 법이 없다면 무엇하러 이 고생을 하면서 당나라까지 가서 법을 구한단 말인가?"

이와 같은 이치를 통절하게 깨닫고는 그 길로 당나라 유학길을 포기했지요. 유학길에서 일체유심조一切唯心造의 도리를 깨닫게 된 것입니다.

의상 스님은 그런 경험을 못하셨기 때문에 그대로 당나라 가는 배를 얻어 타고는 유학을 갑니다. 한 사람은 유학을 가게 되고 한 사람은 유학의 길에서 다시 돌아오게 되지요. 두 분이 신라라는 같은 조건에서 그동안 다 같이 불교를 섭렵하고 공부하였는데, 원효 스님은 거기에서 돌아오게 되고 의상 스님은 중국으로 건너가게 된 것이지요.

중국에 건너간 의상 스님은 화엄학의 대가인 지엄 스님 밑에서 공부를 하고 돌아오게 됩니다. 돌아오기 전 지엄 스님으로부터 『화엄경』의 요지를 써 내라는 명을 받습니다. 요즘 말로는 리포트를 작성해 제출하라는 거죠. 그것이 바로 「법성게法性偈」입니다. 이를 본 지엄 스님은 "네 법성게가 화엄대경보다 더 수승하다"고 크게 찬탄讚歎했다고 합니다. 지엄 스님 밑에 현수법사라는 제자가 있었는데 의상 스님에 대해 흠모하며 "큰스님께서 제 곁을 떠나신 이후 주야로 스님을 뵙고자 하는 마음 간절합니다. 언제나 스님을 만나서 스님의 큰 법을 얻어 들을 날이 있겠습니까?"라는 편지글이 남아 있습니다. 의상 스님은 귀국하여 우리나라의 대표적인 사찰인 범어사, 부석사 등을 짓고, 부석사에 자리 잡아 많은 제자를 가르쳤습니다.

원효 스님은 신라로 돌아와 경주에 머물면서 당신의 깨달음에 따라 가르침을 펴고 저술도 많이 하게 됩니다. 특히, 원효 스님의 저술은 백여 경에 240권이나 된다는 기록이 있을 정도로 많습니다.

원효 스님은 그렇게 사시다가 요석공주와 인연을 맺어 우리나라 유교의 시조로 추앙되며 성인으로 받들어지는 설총이라는 성자를 낳게 되지요. 이때 그 유명한 노래가 있습니다.

아유탱천주(我有撑天柱)
수허몰가부(誰許沒柯斧)
내게 하늘을 고이는 기둥이 있으니,
누가 자루 빠진 도끼가 없느냐?

원효 스님은 파계한 승이 되어 머리를 기르고 복성거사, 소성거사라며 스스로를 거사라 칭하면서 거사의 몸으로 설법도 하고 저술도 남기며 살았습니다. 원효 스님의 저술 중 지금 전해지고 있는 것은 기록에 남아 있는 것에 비하면 10분 1도 남아 있지 않아요. 그중 『금강삼매경론金剛三昧經論』과 『대승기신론소大乘起信論疏』는 참으로 뛰어난 가르침이지요. 원효 스님의 저술 중 대표적인 것입니다. 또 『화엄경소초華嚴經疏抄』, 『법화경종요法華經宗要』를 썼던 기록 등등 팔만대장경을 섭렵하지 않은 것이 없을 정도이며, 당신의 의견을 혹은 길게 혹은 짧게 해설한 업적을 남겼던 분입니다.

원효 스님은 스스로를 복성거사卜性居士, 즉 아래 하下 자도 못 된다는 의미로 복卜 자를 쓰면서 지극히 낮은 사람으로서 평생을 만행으로 보냅니다. 그중 사복성자蛇腹聖者, 즉 땅꾼과 거지들의 왕과의 일화는 유명합니다.

원효 스님이 사복성자의 어머니 시체 앞에서 다음과 같이 말합니다.

막생생야고(莫生生也苦)
막사사야고(莫死死也苦)
나지 말라. 나고 산다는 것은 괴로움이다.
죽지 말라. 죽는다는 것도 괴로움이다.

그러자 사복성자는 잔소리가 많다며 '생사개고生死皆苦, 생사가 모두 괴로움이다'라고 말합니다. 원효 스님은 사복성자의 말에 한 방망이 얻어맞고 또 큰 깨달음을 얻습니다. 이렇게 원효 스님은 상류 계급의 사람뿐만 아니라 하층 계급까지 종횡무진 다니면서

교화하셨습니다. 교화의 내용은 발심수행과 화합에 관한 것이 중심이었지요.

원효 스님의 사상을 정리하면 세 가지로 요약할 수 있습니다. 일심사상一心思想, 화쟁사상和諍思想, 무애사상無碍思想이 바로 그것입니다.

일심사상이란 모든 진리는 결국 하나의 진리를 향해 있다는 것이죠. 원효 스님은 당나라 유학길에 머문 무덤 속의 경험을 통해 '삼계유심三界唯心 만법유식萬法唯識, 삼계가 오직 마음이요, 만법은 오직 인식일 뿐이다', '심외무법心外無法 호용별구胡用別求, 마음 밖에 법이 없는데 어찌 따로 구할 것이 있으랴' 하는 일심사상의 깨달음을 얻었습니다.

화쟁사상이란 어떤 문제에 두 가지 이상의 다른 견해가 있을 때 서로 다른 견해를 융섭의 이념에 의하여 화해시키고 회통시켜 큰 법의 바다로 귀납시키는 사상입니다. 융섭이란 서로가 받아들여 화합하는 것이죠. 원효 스님이 추구하였던 화쟁의 방법은 첫째는 불교 경전에 대한 폭넓은 이해를 바탕으로 하고, 둘째는 특정한 이론과 논리에 대한 집착을 버리게 하며, 셋째는 상반되는 이론에 대해 동의하지 않고 이의도 제기함이 없이 긍정과 부정을 자유롭게 사용하여 깨달음의 경지로 이끌어 쟁론을 화해시키는 것이었습니다.

무애사상은 어디에도 걸림이 없는 철저한 자유인으로서의 삶을 뜻합니다. 원효 스님은 '일체무애인一切無碍人 일도출생사一道出生死, 일체에 걸림이 없는 사람은 단번에 생사를 벗어난다'라고 하셨습니다. 특히, 원효 스님은 부처와 중생을 둘로 보지 않았으며, '무릇 중생의 마음은 원융하여 걸림이 없는 것이니, 태연하기가 허공과 같고 잠잠하기가 오히려 바다와 같으므로 평등하여 차별상差別相이 없다'라고 하였습니다. 그러므로 원효 스님은 철저한 자유가 중생심衆生心에 내재되어 있다고 보았고, 스스로도 철저한 자유인이 될 수 있었던 거죠.

우리가 공부하려는 「발심수행장」도 그분의 많은 저술 중 하나인데 참으로 짧습니다. 짧으면서도 천하의 명문名文으로 한국의 고전 중에 손꼽히는 글이지요.

「발심수행장」은 출가한 사람과, 또 출가하지 않고 사회에 있으면서도 수행을 해야겠다는 마음을 내어 불교적인 관점에서 인생을 의미 있고 보람 있고 가치 있게 살아야겠다는 사람들에게 반드시 필요한 글이라고 말씀드릴 수가 있습니다.

## 차례

강의를 시작하며 ... 5

### 제1부 부처님의 삶, 중생의 삶
제1강 ... 16
제2강 ... 26

### 제2부 수행자의 삶
제3강 ... 38
제4강 ... 55
제5강 ... 67
제6강 ... 76

### 제3부 지금, 여기의 삶
제7강 ... 90
제8강 ... 101

발심수행장 원문 ... 111

# 제1부 부처님의 삶, 중생의 삶

# 제1강

부제불제불 장엄적멸궁
**夫諸佛諸佛**이 **莊嚴寂滅宮**은

어다겁해 사욕고행
**於多劫海**에 **捨欲苦行**이요

모든 부처님과 부처님이 적멸궁을 장엄하는 것은,
오랜 세월 욕심을 버리고 고행을 하셨기 때문이요.

중생중생 윤회화택문
**衆生衆生**이 **輪廻火宅門**은

어무량세 탐욕불사
**於無量世**에 **貪慾不捨**니라.

중생마다 불난 집의 문을 윤회하는 것은,
한량없는 세상을 살아오면서 탐욕을 버리지 않기 때문이니라.

무 방 천 당　소 왕 지 자
**無防天堂**에 **少往至者**는

삼 독 번 뇌　위 자 가 재
**三毒煩惱**로 **爲自家財**요

막지 않는 천당에 이르는 사람이 적은 것은,
탐·진·치 삼독의 번뇌로 자기의 재물을 삼기 때문이요.


무 유 악 도　다 왕 입 자
**無誘惡道**에 **多往入者**는

사 사 오 욕　위 망 심 보
**四蛇五欲**으로 **爲妄心寶**니라.

유혹하지 않는 악한 길에 이르는 사람이 많은 것은,
네 가지 요소와 다섯 가지 욕망으로 망심의 보배를 삼았기 때문이다.

부 제 불 제 불　　장 엄 적 멸 궁
**夫諸佛諸佛**이 **莊嚴寂滅宮**은

어 다 겁 해　　사 욕 고 행
**於多劫海**에 **捨欲苦行**이요

모든 부처님과 부처님이 적멸궁을 장엄하는 것은,
오랜 세월 욕심을 버리고 고행을 하셨기 때문이요.

'적멸'은 열반涅槃을 의미합니다. '적寂'이란 내 마음이 조용해져 '멸滅', 모든 번뇌 망상을 없앴다는 뜻입니다. 부처님께서는 범부 중생이 살생업을 일삼으며 오역죄를 짓다가도 선지식善知識의 지도를 받들어 불도를 잘 수행한다면 죄멸복생罪滅福生이 된다고 했습니다.『명심보감』에 '복지심령福至心靈, 복이 오면 마음이 신령스러워진다'고 했습니다. 이것이 바로 '적멸'입니다.

'불佛'은 '각覺'이라는 뜻입니다. '자각각타自覺覺他', 스스로 깨달음과 동시에 다른 사람도 깨우치는 것, 즉 각행원만覺行圓滿하여 깨달음과 그 깨달음의 행이 원만함을 '불佛'이라 합니다. '불佛'에 대한 해석이 많지만 대표적으로 10가지가 있습니다. 여래如來, 응공應供, 정변지正遍知, 명행족明行足, 선서善逝, 세간해世間解, 무상사無上士, 조어장부調御丈夫, 천인사天人師, 불세존佛世尊의 여래십호如來十號가 그것입니다.

여래란 진여眞如의 세계에서 오셨다, 진리의 세계에서 오셨다는 뜻입니다. 번뇌 망상에서 온 것이 아니고, 진여의 세계에서 오셨다는 것이죠.

응공이란 공양을 잡수실 만하다, 공양에 응할 만하다는 의미입니다. '밥 먹을 자격이 있다'는 말입니다.

정변지란 올바른 깨달음을 얻은 자라는 뜻입니다. 정正은 복판이고, 변遍은 가장자리죠. 복판도 잘 알지만 가장자리도 잘 아신다는 말입니다. 깨달음과 방편을 두루 갖추었다는 의미입니다.

명행족이란 지知와 행行이 완전한 자를 말합니다. 3명明과 6통通이 구족具足하시다는 뜻입니다. 3명은 천안통天眼通으로 현재를 알고, 숙명통宿命通으로 과거를 알며, 누진통漏盡通으로 미래를 아신다는 뜻이지요. 3명에 천이통, 신족통, 타심통 세 가지를 더 합쳐서 6통이라고 합니다.

선서란 잘 가신다는 말이지요. 여래는 진여의 세계에서 '오신다'고 했습니다. 왔으니 또 잘 가야 될 것이 아닙니까. 선서는 '이 세상을 잘 가실 줄 안다'는 뜻입니다. 열반의 세계에 잘 들어갈 수 있는 것이며, 생사의 경지를 해탈한 사람이 떠나는 것을 선서라고 합니다.

세간해란 세간을 잘 아신다는 뜻입니다. 출가한 사람들의 경우 산속에서만 살기 때문에 세상물정을 잘 모르는 수가 많은데, 부처님은 세간도 잘 아신다는 뜻입니다. 모든 중생들의 근기를 잘 알고 이해하고 있다는 의미입니다.

무상사란 부처님 이상은 더 없다는 뜻입니다. 사람이 오욕락에 빠져 사는 것을 '속俗'이라고 합니다. 반면 진리의 세계로 떠나는 것을 '승勝'이라 합니다. 무상대도를 깨달은 사람을 '무상사'라고 합니다.

조어장부란 중생들을 잘 다스리는 장부라는 뜻입니다. 자기 마음자리를 알고 생사대사生死大事를 깨닫고 진리의 세계로 향하는 사람이라면 장부라 할 수 있습니다.

천인사란 '천상과 인간의 스승이다'라는 뜻입니다.

불세존이란 깨달은 사람이고, 깨달은 사람이기 때문에 인간 세상에서는 가장 존귀한 사람이라는 뜻입니다.

'제불제불'이란 과거 장엄겁 천불, 현재 현겁 천불, 미래 성숙겁 천불 등 모든 부처님을 포함합니다. 그 많고 많은 부처님께서 '적멸궁'을 다 '장엄'하신다는 거죠. 부처님, 즉 깨달은 모든 분들은 적멸의 세계를 장엄한 분입니다. 적멸궁은 우리 마음의 근본자리이지요. 근본자리는 누구나 할 것 없이 텅 비었습니다. 중생은 망상을 일으키고 탐·진·치 삼독과 온갖 시기·질투·음해를 일로 삼지만, 깨달음을 이루신 성인들은 지혜와 자비, 그리고 원력으로써 자기의 삶을 장엄합니다. 그러나 그 근본은 중생이나 부처나 텅 비어서 없는 자리이지요. 백지와 같습니다. 백지와 같은 거기에 중생은 탐·진·치 삼독과 팔만사천의 번뇌를 그려 가고, 깨달으신 분들은 온갖 지혜와 자비, 중생교화의 원력과 같은 아름다운 꽃으로 장엄해 가는 거지요. 이것이 부처와 중생의 표면상 다른 점이라고 말씀드릴 수가 있습니다. 본질은 같다고 할 수 있지만 표현은 다른 거지요. 적멸궁을 장엄한다는 것은 그런 뜻입니다. 이게 말은 쉽지만 뜻은 아주 깊어요. 우리는 제불제불이 텅 빈 마음에서 지혜와 자비와 원력과 교화와 선행으로써 각자 인생을 장엄함을 배워야 되겠지요.

그런데 모든 부처님께서 지혜와 자비로 인생을 장엄할 수 있었던 것은 알 수 없는 오랜 세월동안 '욕欲'을 버리고 '고행苦行'하셨기 때문이라는 말입니다. 고행이라고 했지만 사실은 좋아서 하는 일은 그렇게 어려운 일은 아니지요. 그러나 세속적인 관점에서 볼 때는 탐·진·치 삼독과 팔만사천의 번뇌를 여의고 지혜와 자비의 선행을 일구는 것이 고행이지요.

적멸에는 상常·항恒·안安·청정淸淨·불로不老·불사不死·무구無垢·쾌락快樂 등 8종의 법미法味가 있다고 합니다.


중 생 중 생　　윤 회 화 택 문
**衆生衆生**이 **輪廻火宅門**은

어 무 량 세　　탐 욕 불 사
**於無量世**에 **貪慾不捨**니라.

중생마다 불난 집의 문을 윤회하는 것은,
한량없는 세상을 살아오면서 탐욕을 버리지 않기 때문이니라.


『법화경』「비유품」에 나오는 말이지요. 『법화경』에서는 우리가 사는 세상을 불타는 집과 같다고 했습니다. 큰 저택에 불이 났는데도 철없는 아이들은 언제 타 죽을 지도 모르고 그곳에서 불장난을 하며 뛰어논다는 거죠. 건물은 불에 타 넘어지고 있고, 온갖 험한 짐승들이 날뛰며, 독한 벌레들이 들끓고 있는 모습을 매우 사실적으로 그리고 있습니다. 이런 것들은 우리가 사는 이 세계의 어렵고 험하고 추하고 모진 면들을 보여 주고 있는 것이지요. 『법화경』의 이 대목은 '화택비유火宅比喩'라고 하는 유명한 비유입니다.

중생이란 매일매일 속을 태우잖아요. 나중에는 죽어서 화장火葬하는 것도 '화택'에 들어가는 것이지요. 그런데도 대부분의 사람들이 이 세계를 고통의 세계인 줄 모르고 순간의 오욕락五慾樂에 팔려 사는 것이 중생세계입니다. 특히 많고 많은 중생들은 재물財物과 색욕色慾을 버리지 못하고 삽니다. 영가 스님은 '생사유유무정지生死悠悠無定止, 태어나고 죽고 또 태어나는 일이 멈추지 않네'라고 하였습니다. 이렇듯 부처님은 자기 욕심 버리고 고행을 해서 부처가 됐고, 중생은 탐욕을 부리면서도 그 탐욕을 버리지 않고 살기 때문에 중생이라는 거지요. 즉 제불제불의 세계를 선택할 것인가, 중생중생의 세계를 선택할 것인가를 말합니다.

무 방 천 당　　소 왕 지 자
**無防天堂**에 **少往至者**는

삼 독 번 뇌　　위 자 가 재
**三毒煩惱**로 **爲自家財**요

막지 않는 천당에 이르는 사람이 적은 것은,
탐·진·치 삼독의 번뇌로 자기의 재물을 삼기 때문이요.

누가 천당에 오지 못하게 막아 놓지 않았지요. 울타리가 있는 것도 아니고, 시험을 쳐서 들어가는 것도 아닙니다. 그런데도 가는 사람이 적은 것은 탐욕과 성냄과 어리석음의 세 가지 독한 번뇌로써 자기 집의 재물을 삼았기 때문입니다. 삼독번뇌로써 재물을 삼았지, 선행과 자선을 했다든지, 지혜와 자비로 남을 교화하겠다는 원력을 가졌다든지 등으로 자기 집의 재산을 삼지 않았다는 것입니다. 그래서 천당에 가는 사람이 적다는 것이지요.

탐·진·치는 독약과 같아서 삼독의 독약에 물이 들면 그만 지옥·아귀·축생에 떨어지게 된다는 거죠. 나의 청정한 자성이 그만 독약으로 물들게 된다는 뜻입니다. 탐·진·치 삼독이 바로 독약과 같다는 의미입니다.

불교에서 천당, 즉 하늘을 이야기할 때 욕계, 색계, 무색계의 삼계로 구분하기도 합니다. 이는 중생의 마음 상태를 세 단계로 나누어 표현한 것이기도 하죠. 욕계는 탐욕이 들끓는 세계로 지옥·아귀·축생·수라·인간·천의 세계로 육욕천이 있습니다. 색계는 탐욕에서는 벗어났으나 형상에 얽매여 있는 세계로 십팔천이 있습니다. 무색계는 형상의 속박에서 완전히 벗어난 순수한 선정의 세계로 사천이 있습니다.


　　무 유 악 도　　다 왕 입 자
　　**無誘惡道**에 **多往入者**는

　　사 사 오 욕　　위 망 심 보
　　**四蛇五欲**으로 **爲妄心寶**니라.

　　유혹하지 않는 악한 길에 이르는 사람이 많은 것은,

네 가지 요소와 다섯 가지 욕망으로 망심의 보배를 삼았기 때문이다.

불교에서 오욕五欲은 재색식명수財色食名睡라고도 하지만 안이비설신眼耳鼻舌身, 즉 전前 오근五根을 말합니다. 육신을 중심으로 일어나는 안이비설신은 눈은 눈대로 귀는 귀대로 전부 자기 몸에 달콤하고 좋다고 여겨지는 것만을 위해 욕심을 낸다는 거지요.

'사사'는 이 몸뚱이를 이루는 지수화풍地水火風을 말합니다. 사대색신四大色身이라고도 하지요. 사대를 '사사'라고 표현한 것은 몸뚱이가 업業의 근본이기 때문입니다. 또한 모든 루漏, 즉 흘러 새어 버리는 연緣이 되기 때문에 아주 고약하고, 미운 것이며, 보기 싫은 것이기에 뱀에다가 비유한 것입니다.

『법화경』에 '일협사사一篋四蛇', 즉 한 광주리 안에 뱀 네 마리가 있다는 비유가 있습니다. 열반의 경지에 이르려면 어떻게 해야 하는가를 비유로 설명하고 있는 이야기입니다. 그런데 이 비유담에서 네 마리 독사 이야기를 가장 앞에 둔 까닭이 있습니다. 바로 열반의 경지에 이르고자 하는 이는 무엇보다 먼저 네 마리 독사로 비유된 사대, 곧 이 몸에 대한 애착부터 놓아 버려야 한다는 것을 강조하기 위해서입니다.

당나라 때의 한산 스님은 다음과 같은 시를 남겼습니다.

가소오음굴(可笑五陰窟)
사사공동거(四蛇共同居)

흑암무명촉(黑暗無明燭)

삼독체상구(三毒遞相驅)

반당육개적(伴黨六箇賊)

겁략법재주(劫掠法財珠)

참각마군배(斬卻魔軍輩)

안태담여소(安泰湛如蘇)

우습구나, 오음의 동굴에서

네 마리 뱀과 함께 같이 살구나

캄캄한 방에 밝은 촛불 하나 없는데

세 마리의 독사가 번갈아 가면서 날뛰네.

여섯 도둑들이 무리를 이루어

나의 보배구슬을 겁탈하네.

내 마음속 마군의 무리를 베고 물리치면

마음이 편안하고 맑아 다시 살아난 기쁨과 같네.

# 제2강

인 수 불 욕 귀 산 수 도
**人誰不欲歸山修道**리요마는

이 위 부 진   애 욕 소 전
**而爲不進**은 **愛欲所纏**이니라.

사람으로서 누군들 산에 돌아가서 도 닦고 싶어 하지 않으랴마는,

애욕에 얽히어서 하지 못할 따름이다.


연 이 불 귀 산 수 수 심
**然而不歸山藪修心**이나

수 자 신 력     불 사 선 행
**隨自身力**하야 **不捨善行**이어다.

산에 돌아가서 마음을 닦지 못한다 하더라도,

자신의 능력에 따라 선행을 버리지 말아야 한다.

자락　　능사　　신경여성
自樂을 能捨하면 信敬如聖이오

난행　　능행　　존중여불
難行을 能行하면 尊重如佛이니라.

세속에서 즐겨야 할 낙을 능히 버린다면 성인처럼 신뢰와 공경 받을 것이요,

행하기 어려운 일을 능히 행하면 부처님처럼 존경받을 것이다.

간탐어물　　시마권속
慳貪於物은 是魔眷屬이요

자비보시　　시법왕자
慈悲布施는 是法王子니라.

재물을 아끼고 탐하는 사람은 마구니의 권속에 불과하고,

자비로운 마음으로 베푸는 사람은 부처님의 제자이다.

인 수 불 욕 귀 산 수 도
**人誰不欲歸山修道**리요마는

이 위 부 진　　애 욕 소 전
**而爲不進**은 **愛欲所纏**이니라.

사람으로서 누군들 산에 돌아가서 도 닦고 싶어 하지 않으랴마는,

애욕에 얽히어서 하지 못할 따름이다.

생각이 복잡하면 누구 할 것 없이 '산속에 들어가 조용히 수도했으면' 하는 생각을 하게 됩니다. 세상에 사는 사람들에게는 복잡다단한 일들이 많기 때문에, 그럴 때마다 그와 같은 생각을 하게 된다는 말입니다.

당나라 때의 영철靈澈 스님이 홍주자사洪州刺史 위단韋丹에게 지어준 시에 다음과 같은 말이 있습니다.

상봉진도휴관거(相逢盡道休官去)
임하하증견일인(林下何曾見一人)
도 닦겠다고 벼슬 그만두겠다는 사람은 여럿 만났지만,
숲 속에서는 어찌 벼슬 그만둔 사람을 하나도 보지 못하는고.

우리의 삶도 이와 같습니다. 누구나 출가를 꿈꾸지만 세속적 욕심 때문에 단행하지 못합니다. 출가를 출세간出世間이라고 하는 이유가 번뇌에 얽매인 세속의 인연을 버리고 수행자의 삶에

들어가기 때문입니다. 세속에는 달콤한 욕심들이 많거든요. 아내와 남편이 있고, 재산과 명예가 있으며, 알아주는 사람이 있고, 친구가 있습니다. 이런 것들이 전부 애욕입니다. 또 자기가 살던 습관도 역시 욕심이거든요. 그런 욕심에 얽힌 바가 되었기 때문에 절에 와 보면 좋다는 생각이 들어도 출가입산을 못하는 이유가 된다고 했습니다.

『전심법요』에 다음과 같은 구절이 있습니다.

범부취경(凡夫取境)
도인취심(道人取心)
범부는 경계를 취하고
도 닦는 사람은 마음을 취한다.


연 이 불 귀 산 수 수 심
**然而不歸山藪修心**이나

수 자 신 력      불 사 선 행
**隨自身力**하야 **不捨善行**이어다.

산에 돌아가서 마음을 닦지 못한다 하더라도,
자신의 능력에 따라 선행을 버리지 말아야 한다.

꼭 산에 들어가야만 도를 닦는 것도 아니고, 수행하는 것도 아니지요. 이 구절은 출가한 사람들만을 염두에 두고 하는 이야기가 아닙니다. 산에 들어가서 도를 닦지는 않는다 하더라도 자기의 힘과 인연을 따라서 선행을 쌓으면 그것 또한 좋은 일이라는 것입니다. 선행의 대표적인 것에는 열 가지가 있습니다. 바로 우리가 다 알고 있는 십선법입니다.

그 첫째는 생명을 죽이지[殺生(살생)] 않음이요. 둘째는 도둑질하지[偸盜(투도)] 아니함이며, 셋째는 삿된 음행을 하지[邪婬(사음)] 않는 것입니다. 넷째는 거짓말[妄語(망어)]과, 다섯째는 꾸며대는 말[綺語(기어)]과, 여섯째는 한 입으로 두 말[兩舌(양설)]을 하지 않고, 일곱째는 험담[惡口(악구)]하지 않는 것입니다. 여덟째는 탐내지[貪欲(탐욕)] 아니하고, 아홉째는 화내지[瞋恚(진에)] 아니하며, 열째는 잘못된 소견을 내지[邪見(사견)] 않는 것입니다. 이에 대한 참회가 『천수경』에 잘 나와 있기도 합니다.

살생중죄금일참회(殺生重罪今日懺悔)
투도중죄금일참회(偸盜重罪今日懺悔)
사음중죄금일참회(邪淫重罪今日懺悔)
망어중죄금일참회(妄語重罪今日懺悔)
기어중죄금일참회(綺語重罪今日懺悔)
양설중죄금일참회(兩舌重罪今日懺悔)
악구중죄금일참회(惡口重罪今日懺悔)
탐애중죄금일참회(貪愛重罪今日懺悔)
진에중죄금일참회(瞋恚重罪今日懺悔)
치암중죄금일참회(痴暗重罪今日懺悔)

출가하는 것이 좋지만, 세상 사람들이 다 출가할 수 있나요. 그러니까 출가하면 비구比丘, 비구니比丘尼이고, 재가면 우바새優婆塞, 우바이優婆尼잖아요. 출가했다고 다 되는 것이 아니라 세상에 살면서도 불사선행을 해야 하죠. 몸과 마음이 함께 출가를 해서 도를 닦아야 된다는 말입니다.

구화산인九華山人으로 불렸던 당나라 말기의 두순학杜荀鶴은 다음과 같이 말씀하셨습니다.

안선불필수산수(安禪不必須山水)
멸각심두화자량(滅却心頭火自凉)
참선을 하기 위해 굳이 산속을 찾을 일이 아니다.
망상하는 마음만 소멸해 버리면, 번뇌의 불길은 저절로 사라지리라.

자락   능사   신경여성
自樂을 能捨하면 信敬如聖이오

난행   능행   존중여불
難行을 能行하면 尊重如佛이니라.

세속에서 즐겨야 할 낙을 능히 버린다면 성인처럼 신뢰와 공경 받을 것이요,
행하기 어려운 일을 능히 행하면 부처님처럼 존경받을 것이다.

세속적 즐거움을 버리고, 행하기 어려운 일을 행한다는 것은 쉬운 일이 아닙니다.

득수반지미족기(得樹攀枝未足奇)
현애살수장부아(懸崖撒手丈夫兒)
가지를 잡고 나무에 오르는 일은 어려운 일이 아니다.
벼랑에서 손을 놓아야 비로소 장부일세.

절벽에 매달려서 손을 턱 놓을 줄 아는 사람이 자락을 능사하는 사람이고, 난행을 능행하는 사람입니다. 정진수행력으로 말미암아 자제自制의 능력을 키우거든요. 자기가 자기를 자제할 수 있는 힘 말입니다. 자기가 자기를 이길 수 있는 힘을 가지면 모든 것을 다 이길 수가 있습니다.

자기의 이익을 챙기는 것은 어려운 일이 아닙니다. 부처님의 출가를 '위대한 포기'라고 말하는 이유도 여기에 있습니다. 자기 가족을 위하고, 가까운 사람을 위하는 것은 인간의 본능이기 때문에 어려운 일이라고 하지 않습니다. 그런 것보다는 마음을 넓게 써서 자기를 욕하는 사람을 받아주고 이해하고, 결코 차별하지 않고 분별하지 않고 평등심으로써 사람을 대하는 것이 바로 난행이죠. 정말로 실행하기 어려운 일입니다. 사리사욕을 버리고 공공을 위해서 많은 사람들에게 이익이 돌아가도록 하는 것이야말로 종교인이 해야 할 일이고, 의미 있고 보람되게 사는 사람들의 일이죠. 그와 같은 사람이 있다면 부처님처럼 존경받을 수밖에 없습니다.

특히, 한 나라의 지도자라면 더욱 중요합니다. 제가 정계 최고 지도자를 만났을 때 당부한 말이 있습니다. 바로 "모든 공장의 가동을 중단하는 한이 있더라도 위에서부터 정직하게 사는 운동을 펼치는 것이 가장 중요하다. 그러면 지금까지 우리가 이루어 놓은 부유함만 가지고도 충분히 잘 살 수가 있지 않겠느냐"라는 주문이었습니다. 모두 정직하게 살지 않기 때문에 어려움과 고난이 많다는 취지의 이야기였죠. 다른 사람에게 많은 영향력을 미칠 수 있는 지도적인 자리에 있는 사람에게는 더욱 필요한 덕목이지만 어려운 일이기도 합니다.

벽송 지엄 스님은 다음과 같은 게송을 남기셨습니다.

일의우일발(一衣又一鉢)
출입조주문(出入趙州門)
답진천산설(踏盡千山雪)
귀래와백운(歸來臥白雲)
한 벌의 옷과 한 벌의 발우로
조주의 문을 드나들었네.
온 산에 쌓인 눈을 다 밟은 뒤에
이제는 돌아와 흰 구름 위에 누워 있다네.

세속을 등지고 오로지 화두에만 매달리며 살아온 수행자의 삶을 엿볼 수 있는 글입니다. 참으로 단순하고 소박하죠. 출가하여 수행하는 것을 지상의 목표로 살아가는 사람들의 모습은 모름지기 이와 같아야 합니다. '답진천산설'은 난행고행難行苦行의 용맹정진을 뜻합니다. 용맹정진을 통해 무수겁동안 쌓고 쌓은 온갖 번뇌를 다 날려 버린 것이, '귀래와백운'입니다. 다른 말로 표현하면 '대사일번大死一番 절후재소絕後再蘇, 크게 한 번 죽어 앞뒤의 생각이 끊어지고, 다시 살아나야 세상은 완전히 달라진다'와 같습니다.

간 탐 어 물     시 마 권 속
**慳貪於物**은 **是魔眷屬**이요
자 비 보 시     시 법 왕 자
**慈悲布施**는 **是法王子**니라.

재물을 아끼고 탐하는 사람은 마구니의 권속에 불과하고,
자비로운 마음으로 베푸는 사람은 부처님의 제자이다.

재물을 탐하는 사람은 불자라고 할 수 없고, 더욱 출가수행 하는 사람이라고 할 수 없습니다. '마구니'는 무엇이냐. 세속적인 가치관에 떨어져 있는 사람, 즉 권력·명예·재물 등에만 집착하는 사람이 바로 마구니입니다. 물질 현상에 마음을 빼앗겨 오직 그것만을 최고의 가치로 여기는 삿된 생각을 가진 사람이 마구니의 권속입니다.

부처님의 진정한 제자인지의 여부는 자비의 마음으로 보시할

줄 아느냐로 그 기준을 삼습니다. 보시 중에서도 법보시가 가장 가치 있는 보시입니다. 물론 물질을 보시하는 것도 좋죠. 그것도 참 어려운 일입니다. 그런데 불법을 전하여 깨달음으로 이끄는 법보시가 더 필요하고 더 값진 보시입니다. 원효 스님도 결국은 법보시를 하셨지, 밥보시하고 떡보시한 적이 없습니다. 그러니까 오늘날에도 원효 스님을 최고라고 하는 것이죠.

특히, 오늘날과 같이 물질이 풍요로운 시대에는 더욱 법보시가 필요합니다. 우리나라에서 먹고 남아 버리는 음식물쓰레기 처리 비용이 연간 8,000억 원에 이르며, 온실가스 배출 등 경제적 손실은 연간 20조 원 이상이라고 합니다. 우리는 그저 돈, 돈 하고 물질이 가치 있는 것으로 믿고 있습니다만, 사실은 물질의 가치는 크지가 않습니다. 물건에 대한 사심邪心이 없는 사람이야말로 다른 사람에게 감동을 줄 수 있죠. 물욕이 있을 때, 욕심이 조금이라도 움직였을 때는 손해를 많이 보게 됩니다. 욕심만 떠나 버리면 손해를 안 봅니다. 욕심 때문에 손해를 보는 것이지요.

'위기해인자爲己害人者라', 즉 자기를 위해서 남을 해롭게 하는 사람이 마구니입니다. 그 반대로 자비심으로 보시하는 사람은 법왕의 아들입니다. 부처님은 '천중천天中天이요 성중성聖中聖이라', 하늘 가운데 하늘이요 성인 가운데 성인입니다. 그것은 바로 과거 무량겁을 내려오면서 '두목신체흔락보시頭目身體欣樂布施', 몸뚱이를 비롯하여 자신이 가진 모든 것을 즐거운 마음으로 보시를 했기 때문입니다. '만덕장엄萬德莊嚴', 만 가지 덕과 복으로 세상을 장엄하셨습니다.

보시에는 세 가지가 있습니다. 재물보시財物布施, 법보시法布施, 무외보시無畏布施입니다. 무외보시는 두려움이 없음을 보시한다는 뜻입니다.

앞에서 잠깐 말했듯이 재물보시보다 더 훌륭한 것이 법보시입니다. 법보시는 사람들에게 재물을 보시할 수 있는 정신을 심어 주기 때문입니다. 부처님이 언제 물질보시 했습니까. 부처님은 법보시를 했어요. 역대 불보살과 조사들이 돈과 재물을 보시했다는 기록은 없습니다. 기록할 가치가 있는 것도 아니지요. 불보살들과 조사들이 역사에서 빛나는 것은 진리를 깨달으셔서 그 진리를 보시했기 때문입니다. 재물을 보시한다는 것은 물질적인 보시에 그치지만, 법을 보시한다는 것은 정신적으로 사람을 구원해 준다는 의미를 담고 있습니다.

그런데 모든 보시바라밀을 성취하기 위해서는 세 가지 조건을 충족해야 합니다. 삼륜청정三輪淸淨이라 하여 보시를 하는 자, 보시를 받는 자, 보시물 세 가지가 깨끗해야 한다는 뜻입니다. 보시는 사심이 없는 마음으로 할 때 다른 사람에게 감동을 줄 수 있고 세상을 움직일 수 있습니다. 이를 『금강경』에서는 '응무소주應無所住 이생기심而生其心, 응당 머무는 바 없이 그 마음을 내어라'라고 하였습니다.

제2부

수행자의 삶

# 제3강

고 악 아 암　　지 인 소 거
**高嶽峨巖**은 **智人所居**요

벽 송 심 곡　　행 자 소 서
**碧松深谷**은 **行者所捿**니라.

높은 산은 지혜로운 사람이 머물 곳이요,
깊은 골짜기는 수행자가 깃들 곳이다.


기 찬 목 과　　위 기 기 장
**飢湌木果**하야 **慰其飢腸**하고

갈 음 유 수　　식 기 갈 정
**渴飮流水**하야 **息其渴情**이어다.

배고프면 나무 열매 따 먹고 주린 창자를 달래고,
목마르면 흐르는 물을 마시며 갈증을 푼다.

끽 감 애 양 　　　차 신 　정 괴
喫甘愛養하여도 此身은 定壞요

착 유 수 호 　　　명 필 유 종
着柔守護하여도 命必有終이니라.

좋은 음식 먹고 몸을 잘 돌봐도 끝내 죽고 마는 몸이요,
부드러운 옷으로 감싸 줘도 이 목숨 길이 살지 못하니라.


조 향 암 혈 　　　위 염 불 당
助響巖穴로 爲念佛堂하고

애 명 압 조 　　　위 환 심 우
哀鳴鴨鳥로 爲歡心友니라.

메아리 울리는 바위 동굴로 염불당을 삼고,
슬피 우는 새소리로 마음을 기쁘게 하는 벗을 삼을 것이니라.


배 슬 　여 빙 　　　무 연 화 심
拜膝이 如氷이라도 無戀火心하며

아 장 　여 절 　　　무 구 식 념
餓腸이 如切이라도 無求食念이니라.

절하는 무릎이 얼음처럼 차더라도 따뜻한 불 생각 말고,
주린 창자가 끊어질 것 같더라도 밥 생각을 말 것이니라.


홀 지 백 년 　　　운 하 불 학
忽至百年이어늘 云何不學이며

일생　기하　　불수방일
一生이 幾何관대 不修放逸고

홀연히 백 년에 이르거늘 어찌 배우지 아니하며,
한평생이 얼마기에 수행하지 않고 방일하는가?


이심중애　　시명사문
離心中愛를 是名沙門이요

불연세속　　시명출가
不戀世俗을 是名出家니라.

마음속에 모든 애착 떠난 이를 사문이라 이름하고,
세속을 그리워하지 않는 것을 출가라 이름한다.


행자라망　　구피상피
行者羅網은 狗被象皮요

도인연회　　위입서궁
道人戀懷는 蝟入鼠宮이니라.

　수행자가 번뇌의 그물에 걸리는 것은 개가 코끼리 가죽을 뒤집어쓴 것이요,

　도를 닦는 사람이 이성을 그리워하는 것은 고슴도치가 쥐 집에 들어가는 격이다.

高嶽峩巖은 智人所居요

碧松深谷은 行者所捿니라.

높은 산은 지혜로운 사람이 머물 곳이요,
깊은 골짜기는 수행자가 깃들 곳이다.


산이 높으면 골이 깊게 마련입니다. 지혜로운 사람과 수행하는 사람도 결국 같은 말입니다.

그런데 왜 이와 같이 산속에서 살아야 되느냐? 수행을 위해서는 산이 필요합니다. 세속에 살다보면 온갖 번뇌 망상에 시달리게 되거든요. 그런 것을 다 떠나서 수도하는 사람은 세속을 버리고 산으로 들어가야 됩니다. 오욕락을 즐기면서 수행을 잘하는 사람은 없어요.

『초발심자경문』 중 「계초심학인문」의 첫 구절도 바로 이와 같은 뜻입니다. '부초심지인夫初心之人 수원리악우須遠離惡友 친근현선親近賢善, 처음 마음을 낸 사람은 반드시 악한 벗을 멀리하고, 어질고 선량한 사람을 가까이하라', '단의금구성언丹衣金口聖言 막순용유망설莫順庸流妄設', 다만 부처님의 말씀에 의지할지언정 용렬한 무리를 따르지 말라'라는 말이죠. 수행하는 데 도움이 안 되는 사람을 떠나보내라는 뜻입니다.

「자경문」에 다음과 같은 구절이 있습니다.

조지장식필택기림(鳥之將息必擇其林)

인지구학내선사우(人之求學乃選師友)

새가 날다가 쉬려고 할 때는 반드시 그 쉴 만한 숲을 잘 선택해야 하고,

사람이 배우기를 구할 때는 역시 스승과 도반을 잘 선택해야 한다.

만약 새가 앉을 자리를 잘 선택하지 못하면 그물에 걸리게 되고, 뱀이나 사람에게 잡아먹히게 됩니다. 배우는 일도 그와 같아서 스승과 친구를 잘못 만나면 악의 길로 들어서고 인생을 망치는 일이 생기게 됩니다.

특히, 이 시대는 옛날과 달라서 일생동안 수많은 주의주장과 사상과 정보들을 접하면서 살 수밖에 없습니다. 모든 분야에서 너무나 많은 정보들이 쏟아지기 때문에 혼란스럽습니다. 더구나 현대사회는 물질의 발달과 감각적 쾌락, 부의 축적 일변도로 치달으며 정신을 잃고 있기 때문에 사람들의 마음은 그 어느 때보다도 어리석고 어두워져 있습니다. 그러므로 배움을 구하는 일에 있어서는 상식과 지혜를 십분 활용하여 잘 살피고 잘 선택해야 하죠.

영가 스님은 「증도가」에서 다음과 같이 말씀하셨습니다.

입심산주란야(入深山住蘭若)

잠음유수장송하(岑崟幽邃長松下)

우유정좌야승가(優遊靜坐野僧家)

격적한거실소쇄(闃寂閑居實蕭灑)

깊은 산에 들어가 적정한 곳에서 살고 있으니,

산은 높고 골짜기는 깊어 낙락장송 숲 속이로다.

한가롭고 편안하게 야승의 움막에 조용히 앉아,

호젓하고 쓸쓸하게 한가로이 사니 맑고 깨끗하기 이를 데 없다.


<br>

　　　　기 찬 목 과　　　위 기 기 장
　　　　飢湌木果 하야 慰其飢腸 하고
　　　　갈 음 유 수　　　식 기 갈 정
　　　　渴飮流水 하야 息其渴情 이어다.

배고프면 나무 열매 따 먹고 주린 창자를 달래고,

목마르면 흐르는 물을 마시며 갈증을 푼다.


이 글은 지금으로부터 1,300여 년 전의 상황입니다. 원효 스님께서 살았던 시절의 이야기죠. 산에 깃들어 살면 밭 일궈서 콩도 심고 감자도 심고 얼마든지 먹고 살 수가 있습니다. 먹고 살기 힘들면 짐승들처럼 과일을 주워 모았다가 먹고 살아도 생명을 유지하는 데 크게 지장은 없거든요. 이상적인 생활이 아니라 얼마든지 가능합니다.

　제가 출가 초기 선방에 있을 때 이와 같은 말을 듣고 너무나 동경하게 된 삶이었지요. 나도 언젠가는 산에 들어가 주리면 나무 열매로 창자를 위로하고, 목마르면 흐르는 물을 손으로 움켜 마셔 갈증을 쉬어야겠다고 생각했어요. 이런 날을 고대하며 훈련한다고 선방에 있으면서 솔잎과 잣잎을 먹기도 했습니다.

「증도가」에 '모췌골강인불고貌悴骨剛人不顧, 얼굴은 초췌하고 뼈가 앙상해 사람들은 돌아보지 않네'라는 구절이 있습니다. 영가 스님도 스스로는 고아한 풍모에 자신감이 넘치지만, 세상 사람들은 스님에 대해 행색이 초라하고 뼈만 앙상한 볼품없는 승려라고 한다는 것이죠. 세상 사람은 열반과 깨달음, 진실과 실상에는 관심이 없고 무상한 빛깔과 소리에만 눈과 귀가 팔려 쫓아다니기 때문입니다. '실시신빈도불빈實是身貧道不貧', 실은 이 몸이 가난하지 도가 가난한 것은 아닙니다.

또한 황벽 스님은 다음과 같은 게송을 통해 가르침을 주고 있습니다.

진로형탈사비상(塵勞迥脫事非常)
긴파승두주일장(緊把繩頭做一場)
불시일번한철골(不是一番寒徹骨)
쟁득매화박비향(爭得梅花撲鼻香)
번뇌를 벗어나는 일이 예삿일이 아니니
화두를 단단히 잡고 한바탕 공부할지어다.
추위가 한 번 뼈에 사무치지 않을 것 같으면
어찌 코를 찌르는 매화 향기를 얻을 수 있으리오.

끽 감 애 양 　　　 차 신 　　 정 괴
**喫甘愛養**하여도 **此身**은 **定壞**요

착 유 수 호 　　　 명 필 유 종
**着柔守護**하여도 **命必有終**이니라.

좋은 음식 먹고 몸을 잘 돌봐도 끝내 죽고 마는 몸이요,
부드러운 옷으로 감싸 줘도 이 목숨 길이 살지 못하니라.

   요즘 사람은 건강을 위해서 얼마나 많은 노력을 합니까. 그런데 아무리 잘 거두고, 잘 먹어도 백 년을 넘기는 사람이 거의 없습니다. 저는 항상 말합니다. 어떤 사람이 죽을 때 앉아서 어떻고, 서서 어떻고 합니다. 죽지 않아야 이야기가 되지 죽을 때 서서 죽었든, 앉아서 죽었든, 누워서 죽었든, 어떤 스님처럼 거꾸로 서서 죽었든 그게 무슨 의미가 있느냐는 것이죠. 지금까지 살면서 안 죽었다면 한번 봐 줄 수가 있지만, 죽는 모습이 어떻다 저렇다 하는 것은 이야깃거리가 안 된다는 것이죠.
   어떤 스님이 거꾸로 서서 죽었다고 하니까, 역시 스님이었던 누나가 와서는 "이 자식은 속가에서도 말썽이고, 살아서도 말썽이고, 죽어서도 말썽을 일으킨다." 하면서 그 쓸데없는 일 그만하라고 소리를 치니 송장이 스르르 넘어가더라는 웃지 못할 이야기가 있지 않습니까. 거꾸로 서 있으니 장례를 치르기가 참 고약하죠.
   죽는데 누워서 죽든, 앉아서 죽든, 서서 죽든 무슨 차이가 있겠습니까. 그걸 가지고 신기해 할 일이 없습니다. 차원을 좀 달

리 생각해야죠. 죽음을 초연하게 생각할 줄 아는 자세가 되어 있느냐 안 되어 있느냐가 문제지, 어떻게 죽었느냐는 중요하지 않습니다. 최상승 불교를 공부하는 이들이 갖추어야 할 안목과 소견은 어떠해야 하는지를 위해 드리는 말씀입니다.

수행하는 사람, 좀 다른 차원의 인생을 살고자 하는 사람은 어떻게 사는 것이 가치 있고, 의미 있는 삶인지를 늘 생각해야 합니다. 솔잎 먹는 훈련을 하고, 잣나무 먹는 훈련을 하고, 나무껍질 먹는 훈련을 하는 것은 철없는 객기로 하는 일이지, 한평생을 꼭 그렇게 살라는 것은 아니죠. 그러한 정신으로 매사에 임해야 그 사람이 수행자이고, 그 사람이 인생을 공부하고, 의미 있고, 가치 있게 사는 사람이라고 할 수가 있겠습니다.


조 향 암 혈　　위 염 불 당
**助響巖穴**로 **爲念佛堂**하고

애 명 압 조　　위 환 심 우
**哀鳴鴨鳥**로 **爲歡心友**니라.

메아리 울리는 바위 동굴로 염불당을 삼고,
슬피 우는 새소리로 마음을 기쁘게 하는 벗을 삼을 것이니라.


근사하게 지은 절에서 호의호식하며 살라는 게 아니죠. 수행자에게는 오직 수행에 몰두할 수 있는 최소한의 환경만 갖춰지면 그것으로 족할 뿐입니다.

원효 스님 당시만 해도 참선수행이 보편적이지 않았습니다. 당시 일반적인 수행법인 염불을 예로 들었지만 꼭 염불만을 하라는 뜻이 아니죠. 각자 전공으로 하고 있는 공부를 열심히 하라는 뜻입니다.

『전심법요』에 '팔만사천법문八萬四千法門 대팔만사천번뇌對八萬四千煩惱, 팔만 사천 법문은 팔만 사천 번뇌를 치료하는 것이다'라는 구절이 있습니다. 수행에는 팔만 사천 가지의 방편문이 있습니다. 응병여약應病如藥이라, 모든 수행법은 환자의 상태에 따라 달라지는 처방전과도 같습니다. 다만, 가장 일반적인 불교수행법으로 참선, 염불, 간경, 주력, 절을 이야기합니다. 불교의 모든 수행은 번뇌 망상을 여의고 깨달음을 성취하는 데 있습니다.

　　　배 슬　　여 빙　　　무 연 화 심
　　　拜膝이 如氷이라도 無戀火心하며
　　　아 장　　여 절　　　무 구 식 념
　　　餓腸이 如切이라도 無求食念이니라.
절하는 무릎이 얼음처럼 차더라도 따뜻한 불 생각 말고,
주린 창자가 끊어질 것 같더라도 밥 생각을 말 것이니라.

이 글은 지금으로부터 1,300년 전의 상황임을 전제하고 이해할 필요가 있습니다. 우리들이 살아가고 있는 오늘날의 현실과는 다소 동떨어진 느낌이 드는 것도 사실입니다만 수행자의 정

신을 느낄 수 있습니다.

100년 전만 하더라도 이와 비슷한 삶을 살았지 않았겠는가 하는 생각을 합니다. 제가 어렸을 때만 해도 그 옛날의 생활과 똑같았죠. 근래에 와서야 기름이 들어오고, 전기가 생기고, 길이 닦여지고, 자동차가 생기는 등 생활 여건이 편리해졌습니다. 어떻게 보면 1,300년 전의 사찰풍경을 엿볼 수 있는 장면입니다.

『출요경』에 "게으른 사람들은 너무 이르다 하여 해야 할 일을 하지 않고, 너무 늦다 하여 일을 하지 않으며, 너무 배부르다 하여 일을 하지 않고, 너무 배고프다 하여 일을 하지 않으며, 너무 덥다 하여 할 일을 하지 않고, 너무 춥다 하여 할 일을 하지 않는다"라고 했습니다. 게으름의 어감은 상당히 굼뜬 것 같지만 우리 마음의 빈틈을 알아내는 데는 빠르기가 이루 말할 수 없습니다. 그러므로 "바로 지금, 여기"에서부터 시작하지 않으면 안 됩니다.

절집에서는 전통적으로 '기한발도심飢寒發道心', 춥고 배고플 때 진리를 추구하는 마음을 일으킨다는 말이 있습니다. 또 '위법망구爲法忘軀', 깨달음을 위해 몸을 아끼지 않는다는 말도 있습니다. 수행자는 마땅히 자기 생명을 걸어야 합니다. 목숨을 걸어야 무엇인가를 얻을 수 있습니다. 법을 위해 몸이 망가지거나 목숨이 위태로운 것까지 피하지 않는 정신이 필요합니다.

홀 지 백 년　　운 하 불 학
**忽至百年**이어늘 **云何不學**이며

　　　　일 생　　기 하　　　불 수 방 일
　　　一生이 幾何관대 不修放逸고
　　홀연히 백 년에 이르거늘 어찌 배우지 아니하며,
　　한평생이 얼마기에 수행하지 않고 방일하는가?


　　현재는 100세 시대라고 합니다. 의학이 발달하고 의약품이 좋아져서 오래 산다고 하지만 꼭 그런 것도 아닙니다. 의학이 발달할수록 상대적으로 교통사고, 각종 질병은 늘어나 더 많은 사람이 죽습니다. '홀지백년'은 꼭 100세가 아니라 금방 죽을 때가 다가온다는 뜻입니다. '운하불학', 죽을 때가 다 되어 가는데 공부를 왜 안 하느냐는 거죠. 배운다는 말은 꼭 선생한테 배우는 것만을 뜻하지 않습니다. 내 마음을 닦는 것, 내 공부를 하는 것이 배우는 것입니다. 거미한테는 거미줄 치는 법을 배워야 되고, 개미한테는 부지런함을 배워야 되고, 벌한테는 질서를 배우는 등 이 세상에 배우지 않을 것이 아무것도 없어요.
　　『전심법요』에 다음과 같은 구절이 있습니다.


　　불견도(不見道)
　　제행무상(諸行無常)
　　시생멸법(是生滅法)
　　세력진전환추(勢力盡箭還墜)
　　초득래생불여의(招得來生不如意)
　　그대는 보지 못했는가?

모든 것은 항상 하지 않으니,
이것은 나고 없어지는 법이다.
힘이 다한 화살은 다시 떨어지니
내생에 여의치 못함을 초래할 것이다.


이 심 중 애　　시 명 사 문
**離心中愛**를 **是名沙門**이요

불 연 세 속　　시 명 출 가
**不戀世俗**을 **是名出家**니라.

마음속에 모든 애착 떠난 이를 사문이라 이름하고,
세속을 그리워하지 않는 것을 출가라 이름한다.


'사문'을 번역하면 근식勤息입니다. 이 근식은 다음과 같은 뜻이 있습니다.

근수정혜(勤修定慧)
식제번뇌(息諸煩惱)
부지런히 정혜를 닦고,
모든 번뇌를 쉬어 버린다.

부처님은 수행자 집단인 사문의 종류를 넷으로 구분하여 설하신 바 있습니다. 도를 닦는 것이 아주 뛰어난 사문, 도를 알고 잘 설명하는 사문, 도에 의지하여 살아가는 사문, 그리고 도를 위한다면서 악행을 하는 사문 등을 말합니다. 앞의 세 가지는 선정수행에 집중하는 선사禪師, 교학을 발전시키는 강사講師, 그리고 계율을 잘 지키는 율사律師를 의미하죠. 그러나 마지막 네 번째의 '도를 위한다면서 악행을 하는 사문'은 적주賊住비구의 모습을 말합니다.

출가에는 삼종출가三種出家 또는 사종출가四種出家가 있습니다. 삼종출가로 첫째는 세속의 집에서 나오는 출세속가出世俗家, 둘째는 번뇌의 집에서 나오는 출번뇌가出煩惱家, 셋째는 생사윤회의 삼계의 집에서 벗어나는 출삼계가出三界家가 그것입니다.

사종출가로 첫째는 몸은 출가하였으나 마음은 아직 출가하지 않은 신출가 심불출가身出家 心不出家, 둘째는 마음은 출가하였으나 몸이 아직 출가하지 않은 심출가 신불출가心出家 身不出家, 셋째는 몸과 마음이 함께 출가한 신심구출가身心俱出家, 넷째는 몸도 마음도 다 출가하지 못한 신심구불출가身心俱不出家가 그것입니다.

집을 떠나 머리를 깎고 승복만 걸치는 출가는 진정한 출가라 할 수 없습니다. 부지런히 선정과 지혜를 닦아 영원한 진리와 계합해서 삼계를 벗어나야 진정한 출가라 할 수 있습니다. 특히, 출가와 재가의 구별은 겉모양에 있는 것이 아니라 청정한 마음에 있는 것이죠.

『전심법요』에 다음과 같은 가르침이 있습니다.

신심자연달도(身心自然達道)

식심달본원고(識心達本源故)

호위사문(號爲沙門)

사문과자(沙門果者)

식려이성(息慮而成)

부종학득(不從學得)

몸과 마음이 저절로 도에 통달하고

마음을 알아 본래 근원에 통달한 이를

사문이라 하니,

사문이라는 자리는

생각을 쉬어서 이루는 것이요,

배움을 따라 얻어지는 것이 아니다.

행자라망　구피상피
**行者羅網**은 **狗被象皮**요

도인연회　위입서궁
**道人戀懷**는 **蝟入鼠宮**이니라.

　수행자가 번뇌의 그물에 걸리는 것은 개가 코끼리 가죽을 뒤집어쓴 것이요,

　도를 닦는 사람이 이성을 그리워하는 것은 고슴도치가 쥐 집에 들어가는 격이다.

번뇌는 이치에 어둡고 현상의 세계에 대해 미혹하여 알지 못하는 것이라는 의미에서 혹惑이라고도 하며, 얻을 수 없는 것을 얻을 수 있다고 집착하여 구하기 때문에 취取라고도 합니다. 또한 번뇌는 사람을 채찍질하여 미혹한 세계에 들게 만드는 까닭에 사使라고도 하며, 중생을 미혹된 생사의 고통의 상태에 매듭지어 단단히 동여매 묶는다는 의미에서 결結이라고도 합니다. 그리고 번뇌는 착한 마음을 덮어 가로막기 때문에 개蓋라고도 합니다.

분별심을 연회라고 합니다. 편안한 것만을 생각하고, 재물을 탐하고, 권세와 명예를 좇는 등의 모두가 연회입니다. 놀음에 빠져들기 시작하면 거기서 벗어나기가 어렵고, 술과 담배에 인이 박히면 거기에서 벗어나기가 힘들죠. 스님들도 마찬가지입니다. 소임을 맡게 되면 마치 그 소임이 영원히 지속될 것처럼 착각하며 삽니다. 때로는 자기가 맡은 소임을 가장 중요하고 가치 있는 것으로 여겨 사중 전체의 입장을 고려하지 않는 경우가 있습니다. 근본을 닦아 마음에서 모든 번뇌 망상을 떠나 버려야 되는데, 그것은 하지 아니하고 결국에는 명예와 이익만을 추구하게 되지요. 계속 잘 먹고, 잘 입고, 호강하기를 바라고, 훌륭하다는 소리에 빠집니다. 고슴도치가 쥐구멍에 들어갈 때는 잘 들어가지만, 다시 뒤로 나오려면 가시에 걸려서 나오지를 못하는 것과 같습니다.

『초발심자경문』「계초심학인문」에 다음과 같은 구절이 있습니다.

재색지화심어독사(財色之禍甚於毒蛇)

성기지비상수원리(省己知非常須遠離)

재물과 여색의 화는 독사보다 심하니,

그릇됨을 밝혀 모름지기 이를 멀리 여의도록 할 일이다.

# 제4강

<br>

<small>수유재지　거읍가자</small>
**雖有才智**나 **居邑家者**는

<small>제불　　시인　　생비우심</small>
**諸佛**이 **是人**에 **生悲憂心**하시고

<small>설무도행　　　주산실자</small>
**設無道行**이라도 **住山室者**는

<small>중성　　시인　　생환희심</small>
**衆聖**이 **是人**에 **生歡喜心**하나니라.

비록 재주와 지혜가 있다 하나 도시에 사는 사람은
모든 부처님이 이 사람에 대해 슬퍼하는 마음을 내고,
설사 도를 닦는 수행이 없더라도 산에 머무는 자에게는
모든 성인이 이 사람에게 기쁜 마음을 내느니라.

수유재학　　무계행자
　　雖有才學이나 無戒行者는

　　여보소도이불기행
　　如寶所導而不起行이요

　　수유근행　　무지혜자
　　雖有勤行이나 無智慧者는

　　욕왕동방이향서행
　　欲往東方而向西行이니라.

　　비록 재주와 학식이 있으나 계행이 없는 사람은

　　보배 있는 곳으로 인도하되 일어나 가지 않는 것과 같은 것이요,

　　비록 부지런히 행하더라도 지혜가 없는 사람은

　　동쪽으로 가고자 하나 서쪽으로 가는 격이니라.


　　유지인　소행　증미작반
　　有智人의 所行은 蒸米作飯이요

　　무지인　소행　증사작반
　　無智人의 所行은 蒸沙作飯이니라.

　　지혜 있는 사람이 행하는 바는 쌀을 쪄서 밥 짓는 것과 같은 것이고,

　　지혜 없는 사람이 행하는 바는 모래를 쪄서 밥 짓는 것과 같다.

공 지 끽 식 이 위 기 장
共知喫食而慰飢腸하되

부 지 학 법 이 개 치 심
不知學法而改癡心이로다.

누구나 배고프면 밥을 먹어 주린 창자를 채울 줄은 알지만, 법을 배워 어리석은 마음을 고칠 줄은 모른다.


행 지 구 비     여 거 이 륜
行智具備는 如車二輪이요

자 리 이 타     여 조 양 익
自利利他는 如鳥兩翼이니라.

행과 지혜를 갖추는 것은 수레의 두 바퀴와 같고, 자리이타는 새의 두 날개와 같은 것이다.


득 죽 축 원     불 해 기 의     역 불 단 월     응 수 치 호
得粥祝願호대 不解其意하면 亦不檀越에 應羞恥乎며

득 식 창 패     부 달 기 취     역 불 현 성     응 참 괴 호
得食唱唄호대 不達其趣하면 亦不賢聖에 應慚愧乎아

　　죽을 얻고 축원을 하면서도 그 뜻을 알지 못하면 또한 시주에게 부끄러운 일이 아닐 수 없으며,

　　밥을 얻고 염불하되 그 취지를 통달하지 못하면 또한 성현에게 참회하고 부끄럽게 여겨야 하지 않겠는가?

수유재지   거읍가자
**雖有才智**나 **居邑家者**는

제불   시인   생비우심
**諸佛**이 **是人**에 **生悲憂心**하시고

설무도행   주산실자
**設無道行**이라도 **住山室者**는

중성   시인   생환희심
**衆聖**이 **是人**에 **生歡喜心**하나니라.

비록 재주와 지혜가 있다 하나 도시에 사는 사람은
모든 부처님이 이 사람에 대해 슬퍼하는 마음을 내고,
설사 도를 닦는 수행이 없더라도 산에 머무는 자에게는
모든 성인이 이 사람에게 기쁜 마음을 내느니라.

설사 도행이 없다 하더라도, 곧 망상만 피우고, 공부가 안 되고, 때려치워 버리고 갈까 말까 싶은 생각만 매일 일어난다 하더라도, 산실에서 나가지 않고 꾸준히 오래 머물면 가치가 생깁니다. 『논어』에 '군자우도불우빈君子憂道不憂貧', 군자는 도에 어긋날까 걱정할 뿐 가난한 것은 근심하지 않는다는 말이 있습니다. 또 『서장書狀』에 '단지작불但知作佛 막수불불해어莫愁佛不解語', 다만 부처가 될 것을 알지언정, 부처가 말을 하지 못할까 걱정하지 말라는 대혜 종고 스님의 말씀이 있습니다.

근본을 먼저 취하지 않고 지엽부터 준비하는 사람들이 많습니다. 옛날 일본의 어떤 스님은 훌륭한 법사가 되면 말을 타고 법문하러 다니기 위해 말을 타는 법을 먼저 배웠습니다. 또 연회에 초대를 받아 가면 노래도 한 곡조 뽑을 줄 알아야 한다고 노래도 먼저 배웠습니다. 그러다가 정작 법사가 갖춰야 하는 공부는 하지 못했답니다. 그래서 그 모든 것이 쓸데없이 되어 버렸다는 이야기가 전합니다. 대혜 스님의 말씀은 지엽적인 일에 마음 쓰지 말고 근본이 되는 공부를 하라는 뜻입니다. 그리고 모든 일에는 앞뒤가 있으니 그 앞뒤를 잘 선별해서 하라는 뜻도 됩니다. 일의 앞뒤를 잘 알아서 할 줄 알면 곧 도에 가깝다는 말이죠. 부처가 되는 일에만 해당되는 말이 아닙니다. 공부나 농사나 장사나 다른 온갖 사업 모두에 해당합니다.

수 유 재 학 　　무 계 행 자
**雖有才學**이나 **無戒行者**는

여 보 소 도 이 불 기 행
**如寶所導而不起行**이요

수 유 근 행 　　무 지 혜 자
**雖有勤行**이나 **無智慧者**는

욕 왕 동 방 이 향 서 행
**欲往東方而向西行**이니라.

비록 재주와 학식이 있으나 계행이 없는 사람은
보배 있는 곳으로 인도하되 일어나 가지 않는 것과 같은 것이요,

비록 부지런히 행하더라도 지혜가 없는 사람은
동쪽으로 가고자 하나 서쪽으로 가는 격이니라.

불교는 지혜와 자비의 종교라고 하는데, 특히 지혜를 강조합니다. 자비도 지혜가 있어야 행하게 되어 있습니다. 자비를 행하지 않는 사람은 지혜가 없는 사람이라고 해도 과언이 아니죠.

부지런히 노력은 해요. 사회나 수행단체 모두 똑같습니다. 장사도 열심히 하고, 농사도 열심히 짓고 해요. 그런데 자기 머리가 거기까지뿐이고, 생각이 너무 좁고, 그릇에 한계가 있으면 아무리 노력을 해도 별 소득이 없어요. 중요한 것은 현명하고, 제대로 볼 줄 아는 안목이 있어야 한다는 겁니다. 노력만으로 반드시 되는 일이 아닙니다. 지혜 없이 노력만 하는 사람은 문제가 생깁니다. 동쪽으로 가야 할 사람이 동쪽으로 향해야지 동쪽으로 서서는 서쪽으로 가는 거죠. 이런 경우는 노력을 안 하는 것만 못합니다. 노력하지 않으면 차라리 제자리걸음이나 하는데, 반대로 나아가니까 목표하고 더욱 거리가 벌어지죠. 실행을 하지 않으면 목표하고 벌어지지는 않지만 잘못 실천하면 오히려 목표한 바와 거리가 멀어진다는 겁니다.

지혜智慧는 이치를 빨리 깨우치고 사물을 정확하게 처리하는 능력입니다. 지혜는 공공의 이익과 평화를 가져올 수 있어야 진정한 지혜라고 할 수 있습니다.

위산 스님의 『치문』에 다음과 같은 경책의 말씀이 있습니다.

도인자도인야(道人者導人也)

행필가리(行必可履)

언필가법(言必可法)

도인이란 사람들을 인도하는 사람이다.

그 행동이 반드시 따를 만하고

그 말이 반드시 표본으로 삼을 만해야 한다.


　　유 지 인　　소 행　　증 미 작 반
**有智人**의 **所行**은 **蒸米作飯**이요

　　무 지 인　　소 행　　증 사 작 반
**無智人**의 **所行**은 **蒸沙作飯**이니라.

지혜 있는 사람이 행하는 바는 쌀을 쪄서 밥 짓는 것과 같은 것이고,

지혜 없는 사람이 행하는 바는 모래를 쪄서 밥 짓는 것과 같다.


모래를 백 년 쪄 봐야 밥이 될 까닭이 없죠. 노력만 드는 것이고, 나무만 다 때고 마는 겁니다. 얻으려는 성과와는 오히려 거리가 멀어지는 거죠. 지혜를 이렇게 강조하고 있습니다.

반야를 지혜라고 하는데, 이는 인간이 진실한 생명을 깨달았을 때 나타나는 근원적인 지혜를 말합니다. 반야의 지혜는 분별지分別智와 구별되는 무분별지無分別智입니다. 이는 스스로의 체

험과 실천을 통하여 주체적으로 법이 있는 그대로를 체득하는 자각을 말합니다. 자각을 통하여 인생의 근본 의혹이 해소되는 것이고, 인간과 만물의 진실을 꿰뚫어 볼 수 있는 거죠. 반야의 지혜를 얻기 위해서는 집착과 분별 망상의 어리석음을 타파해야 합니다. 또, 현실사회 속에서 자비로서 작용해야만 합니다.

원효 스님은 반야지혜를 문자반야文字般若・관조반야觀照般若・실상반야實相般若를 들어 설명하고 있습니다.

문자반야는 방편반야方便般若라고도 합니다. 이는 부처님이 설하여 문자화된 경・율・논을 전부 통칭한 것으로, 문자로 말미암아 반야의 뜻을 전할 수 있으므로 문자반야라고 합니다. 관조반야는 경・율・논의 글자나 말에 의하여 진리를 알아내고 이 진리에 의해서 수행하고 실천하는 것을 말합니다. 관조반야의 진실한 지혜는 반드시 무념무분별無念無分別입니다. 실상반야는 부처님의 말씀 가운데 감추어져 있는 진리이며, 관조반야를 통하여 체득되는 궁극을 말합니다. 원효 스님은 실상반야가 곧 여래장如來藏이라고 하였습니다.

공 지 끽 식 이 위 기 장
共知喫食而慰飢腸하되

부 지 학 법 이 개 치 심
不知學法而改癡心이로다.

누구나 배고프면 밥을 먹어 주린 창자를 채울 줄은 알지만,

법을 배워 어리석은 마음을 고칠 줄은 모른다.

역시 지혜를 강조하는 이야기입니다. 앞에서 계행을 한 구절로 이야기했다면 지혜에 대해서는 길게 설명하고 있습니다. 수행자에게 무엇이 더 우선하고 중요한지를 엿볼 수 있어요. 지혜가 있는 사람은 계행을 지키게 되어 있습니다. 지혜가 없는 사람들이 질서를 무너뜨리고 윤리를 파괴합니다. 계행을 지키지 않으면 결국 자기만 손해이니 어리석은 사람이고, 지혜가 없는 사람이라고 할 수 있죠.

배고프면 밥을 먹듯 법을 배워서, 이치를 배워서, 존재의 실상을 배워서, 성인의 가르침을 배워서 어리석은 마음을 고칠 줄 알아야 하는데 그렇지 못하다는 겁니다. 농사도 마찬가지요, 장사도 마찬가지요, 사업도 마찬가지요, 인간관계도 마찬가지인 것처럼, 모든 것은 이치가 있기 마련입니다. 법法이란 뭡니까. 물 수水에 갈 거去, 물이 흘러가듯 자연스러운 것, 그렇게 될 수밖에 없는 이치가 바로 법입니다.

순리대로 살아야 한다고 하지만 그렇게 살려고 해도 이치를 알아야 합니다. 그런데 욕심과 어리석음과 좁은 소견 때문에 그 이치를 대부분 모릅니다. 그럼 어떻게 해야 되느냐? 우리는 이치를 꿰뚫어 보신 성인의 가르침을 배워야 합니다. 즉 법을 배우는 겁니다. 성인聖人의 법을 배워서 어리석은 마음을 고쳐야지요.

>  행 지 구 비   여 거 이 륜
>  **行智具備**는 **如車二輪**이요
>
>  자 리 이 타   여 조 양 익
>  **自利利他**는 **如鳥兩翼**이니라.
>
>  행과 지혜를 갖추는 것은 수레의 두 바퀴와 같고,
>  자리이타는 새의 두 날개와 같은 것이다.

새는 한쪽 날개만 있어서는 날 수 없습니다. 자기의 이익만을 추구하거나, 자기에게는 이롭지도 않으면서 다른 사람만 이롭게 하겠다는 것은 모두 어리석음의 결과죠. 자기가 이롭지 않은데 남을 이롭게 한다는 것은 더욱이 남을 제대로 이롭게 할 수 있는 게 못 되죠. 남을 이롭게 하면 저절로 자기에게도 이로운 일이어야 하고, 나에게 이로운 것 역시 자연스럽게 다른 사람에게도 이로운 일이 되어야 합니다. 정상적인 자리自利, 정상적인 이타利他는 모두 자리이타를 갖추게 되어 있습니다. 어느 한쪽으로 치우쳤다면 그것은 제대로 된 자리가 아니고, 제대로 된 이타가 안 된다는 거죠. 제대로 된 자리는 이타를 겸하게 되어 있고, 제대로 된 이타는 자리를 포함하고 있습니다. 만공 스님은 수행을 통하여 차별이나 분별의 관념에서 벗어나면 편벽됨이 없이 두루 자유롭게 지혜와 자비를 활용할 수 있게 되며, 이때의 그가 바로 부처라고 하였습니다.

득죽축원　　불해기의　　역불단월　　응수치호
　　**得粥祝願**호대 **不解其意**하면 **亦不檀越**에 **應羞恥乎**며
　　　득식창패　　부달기취　　역불현성　　응참괴호
　　**得食唱唄**호대 **不達其趣**하면 **亦不賢聖**에 **應慚愧乎**아

　죽을 얻고 축원을 하면서도 그 뜻을 알지 못하면 또한 시주에게 부끄러운 일이 아닐 수 없으며,

　밥을 얻고 염불하되 그 취지를 통달하지 못하면 또한 성현에게 참회하고 부끄럽게 여겨야 하지 않겠는가?


　원효 스님의 「발심수행장」이 출가와 재가를 막론한 가르침임에는 분명하지만, 이번 문장의 경우는 출가 사문을 위한 내용입니다. 사찰에서의 식사법은 조죽오재朝粥午齋, 곧 아침에는 죽이고, 낮에는 밥 먹는 것이 원칙입니다. 아침에 죽을 먹으면 죽유십리粥有十利라 해서 10가지 이익이 있다고 했습니다.

　첫째는 얼굴빛이 좋아지고, 둘째는 혈액이 잘 돌아서 힘이 좋아지며, 셋째는 수명이 더해지고, 넷째는 속이 편안해지며, 다섯째는 말이 술술 잘 나오고, 여섯째는 모든 풍기가 없어지며, 일곱째는 어제 먹었던 음식의 소화가 잘 되고, 여덟째는 갈증이 없어지며, 아홉째는 배고픔이 없어지고, 열째는 주림이 없어집니다.

　그래서 절에서는 아침에 죽을 먹도록 되어 있었지만, 옛날에는 더욱이 가난하여 의례히 죽을 먹었어요. 제가 어릴 때도 죽을 먹었습니다. 출가해 그 어릴 때인 범어사에서도 죽을 먹었고, 차돌도 삭히는 20대 초반의 해인사 시절에도 죽을 먹었습니다.

해인사에 있을 때 멀건 죽 한 그릇으로 끼니를 때우니 견딜 수가 있습니까. 먹으면서부터 벌써 허기지기 시작하는 게 죽이에요. 사중寺中에서야 쌀이 많으면 죽을 쑬 까닭이 없겠지요. 살림이 가난하다 보니 죽을 먹을 수밖에 없는데 철없는 학인들은 죽을 먹지 말자고 항의를 하곤 했어요. 어리석게도 그런 시절이 있었습니다.

그 옛날 신라 시대는 더 말할 나위가 없었겠죠. 수행자가 어떤 생업도 없이 밥이나 죽을 먹는 것은 순전히 신도님들, 단월들의 시주에 의한 것입니다. 시주들은 수행 잘하고 빨리 도통해서 좋은 법문으로 마음을 열어 달라는 뜻에서 스님들에게, 또는 수행자들에게 시주하는 것이지요. 단월들이 시주하는 의미를 알아야지, 그 의미도 모르고 먹기만 한다면 준 사람에게 부끄러운 일입니다.

스님을 걸식하는 자라는 뜻으로 비구bhiks라 합니다. 일체의 소유를 버리고 탁발에 의해서 생활하는 거죠. 탁발할 때 수행자는 시주에게 축원을 해 줍니다. 그런데 단지 한 끼의 밥을 빌기 위해 그 뜻도 모른 채 앵무새처럼 창을 해서야 되겠냐는 말입니다. 수행자는 얻어먹고 열심히 정진하여 마음이 밝아지고, 그것을 단월들에게 되돌려 주어야 합니다. 그렇지 못하면 시주뿐만 아니라 수행자로서의 본분사를 다하지 못한 것이기에 성인에게도 참으로 부끄러운 일이 됩니다.

# 제5강

인 오 미 충   불 변 정 예
**人惡尾蟲**이 **不辨淨穢**인달하여

성 증 사 문   불 변 정 예
**聖憎沙門**이 **不辨淨穢**니라.

사람은 미충이 깨끗하고 더러움을 가리지 않음을 싫어하듯이

성인은 사문이 깨끗하고 더러움을 가리지 못함을 싫어하느니라.


기 세 간 훤   승 공 천 상   계 위 선 제
**棄世間喧**하고 **乘空天上**은 **戒爲善梯**니

시 고   파 계   위 타 복 전
**是故**로 **破戒**하고 **爲他福田**은

여 절 익 조　　부 귀 상 공
**如折翼鳥**가 **負龜翔空**이라.

세간의 시끄러운 것을 버리고 천상에 오르는 것은 계가 좋은 사다리가 된다.

그렇기 때문에 계를 파하고 남의 복전이 되려는 것은 날개 꺾인 새가 거북이를 업고 하늘을 날려는 것과 같다.

자 죄　 미 탈　　타 죄　 불 속
**自罪**를 **未脫**하면 **他罪**를 **不贖**이니라.

연　　기 무 계 행　　수 타 공 급
**然**하니 **豈無戒行**하고 **受他供給**이리오.

자기 허물을 벗어 버리지 못하면 남의 허물을 구해 낼 수 없는 것이니라.

그러니 어찌 계를 지켜 수행하지 않고 남의 공양을 받으리오.

무 행 공 신　　양 무 이 익
**無行空身**은 **養無利益**이요

무 상 부 명　　애 석 불 보
**無常浮命**은 **愛惜不保**니라.

수행 없는 헛된 몸뚱이는 길러 봐야 아무런 이익이 없고, 덧없는 뜬 목숨은 애착해 아껴도 보존할 수 없느니라.

인 오 미 충　　불 변 정 예
　　**人惡尾蟲**이 **不辨淨穢**인달하여

　　성 증 사 문　　불 변 정 예
　　**聖憎沙門**이 **不辨淨穢**니라.

사람은 미충이 깨끗하고 더러움을 가리지 않음을 싫어하듯이

성인은 사문이 깨끗하고 더러움을 가리지 못함을 싫어하느니라.


미충은 꼬리 달린 구더기를 말합니다.『서장』에서 말한 '태말충太末蟲'과 같은 말이죠. 파리는 곳곳에 다 붙습니다. 임금의 밥상에까지 붙죠. 그것은 깨끗하고 더러움을 가리지 않기 때문입니다. 때문에 사람들은 미충을 싫어하죠.

출가 사문도 마찬가지라는 의미입니다. 출가 사문이 무엇이 청정한 행이고, 무엇이 더러운 행인지를 가리지 못하여 함부로 행동하면 성인들은 이를 마치 미충과 같이 여긴다는 겁니다. 싫어하고, 미워하고, 경계한다는 뜻이죠. 뼈아픈 교훈이며 깊이 새겨야 할 말씀입니다.


　　기 세 간 훤　　승 공 천 상　　계 위 선 제
　　**棄世間喧**하고 **乘空天上**은 **戒爲善梯**니

　　시 고　　파 계　　위 타 복 전
　　**是故**로 **破戒**하고 **爲他福田**은

여 절 익 조    부 귀 상 공
**如折翼鳥**가 **負龜翔空**이라.

　세간의 시끄러운 것을 버리고 천상에 오르는 것은 계가 좋은 사다리가 된다.
　그렇기 때문에 계를 파하고 남의 복전이 되려는 것은
　날개 꺾인 새가 거북이를 업고 하늘을 날려는 것과 같다.


　세상의 시시비비是是非非와 우비고뇌憂悲苦惱, 즉 복잡다단하고, 근심걱정과 슬프고 괴로운 일 등을 모두 초월한 삶을 '기세간훤'이라 합니다. '공천'은 텅 빈 하늘이란 말로 천당을 뜻하지 않고 걸림이 없는 삶을 의미합니다. '승공천상'을 '공문空門'이라고도 합니다. 다시 말해 불법의 일주문이라는 뜻입니다. 텅 빈 문이라 하여 '공해탈문'이라고도 합니다. 일주문은 어디든지 대문이 없잖아요. 누구든지 자유롭게 들어오고 나갈 수 있는 문입니다.
　절집 안에 들어서면 천상에 온 것 같다는 말입니다. 그런데 그 공천상空天上에 올라서는 것은 '계위선제', 곧 계가 근본 바탕입니다. 계로 말미암아 사다리가 되어서 한 발짝 한 발짝 부처님 경지까지 갈 수 있다는 말입니다. 계가 없으면 기초가 설 수 없습니다. 때문에 파계, 곧 부러진 사다리를 타고서는 올라갈 수가 없습니다.
　세간은 일체가 시끄러운 것뿐입니다. 부귀와 명예, 권력을 쟁취하기 위해 권모술수가 난무하고 탐·진·치가 기승을 합니다. 이 얼마나 시끄럽습니까. 온갖 시시비비들이, 좋고 나쁜 것, 옳고 그른 것들 때문에 시끄럽습니다. 출가는 바로 이와 같은 세상의 시끄러움을 버리고 정말 고고하게, 탈속하게, 자연스럽게, 소박하고 간결하게 살자는 것이죠. 그렇게 사는 삶이 '승공천상'이라고 했습니다. 저 하늘에 오르면 말쑥한 가을 하늘, 얼마나 청정합니까. 청정한 삶을 상징적으로 의미합니다. 사다리로써 하늘에 올라가는 방법을 삼는다고 할 때, 다시 말해 초탈한 삶, 세속과 다른 청정한 삶을 살려고 한다면 바로 계행, 사찰에서 또는 수행단체가 지켜야 할 모든 계율, 윤리, 규칙 등을 잘 지키고 간직함으로써 가능하다는 것입니다.

수행자의 가사를 복전의福田衣라고 합니다. 복 밭이 되는 옷이라는 뜻이죠. 수행한 지 얼마 안 되는 사람은 밭 한 떼기의 마니 가사를 수하고, 몇 년 지나면 밭이 다섯 떼기가 되는 5조 가사를 입습니다. 그 다음에 7조 가사, 9조 가사, 11조 가사, 13조 가사, 25조 가사까지 있습니다. 수행이 깊어지고 연륜이 쌓이면 가사의 조 수가 그만큼 늘어나죠. 복을 지을 수 있는 밭의 평수가 늘어난다는 의미입니다. 그런 뜻에서 수행하는 사람은 다른 사람의 복 밭이 되어야 하는데도 불구하고 파계를 한다면 복 밭이 될 수가 없는 거죠. 그것은 마치 날개 부러진 새가 거북을 등에 업고 하늘을 날려고 하는 것과 같습니다. 자기도 날지 못하면서 그 무거운 거북을 등에 업고 어떻게 날겠습니까? 파계한 수행자가 어찌 다른 사람의 복전이 되고, 신도들의 복이 되고, 세속인들의 선도자가 된다고 하겠습니까.

자 죄  　미 탈　　타 죄　불 속
**自罪**를 **未脫**하면 **他罪**를 **不贖**이니라.

연　　기 무 계 행　　수 타 공 급
**然**하니 **豈無戒行**하고 **受他供給**이리오.

자기 허물을 벗어 버리지 못하면 남의 허물을 구해 낼 수 없는 것이니라.

그러니 어찌 계를 지켜 수행하지 않고 남의 공양을 받으리오.

무엇보다 스스로 청정한 수행자가 되어야 합니다. 무명과 탐욕에 얽매여 자기 허물이 수미산과 같은데 어찌 남의 죄를 구할 수 있겠습니까.

다른 사람이 "참회합니다"라고 했을 때 나의 계행이 청정해야 속죄하는 사람의 죄도 어느 정도 참회가 되지요. 그렇지 않고서는 같이 지옥에 떨어지는 것과 마찬가지죠. 때문에 수행한다고 출가해서 사문이 된 사람은 반드시 계행을 철저히 지키고 수행자의 정신을 굳게 다지고 살아가야 합니다. 특히, 수행자는 수행자에게 필요한 모든 것을 다른 사람으로부터 공급받아 살아갑니다. 다른 사람이 공양 올리고, 옷 갖다 주고, 약 갖다 주고, 필요한 물품을 제공합니다. 부처님 당시부터 사사공양四事供養이라 하여 의복, 음식, 탕약, 와구의 네 가지에 한하여 신도들로부터 받도록 하였습니다. 신도들은 이 네 가지를 공양함으로써 청정한 수행자를 받듭니다. 그런데 계행이 청정하지 않으면 다른 사람의 공양을 받아 봐야 서로에게 도움이 안 되는 거죠. 받는 사람은 오히려 빚만 늘어나고, 주는 사람도 크게 복이 될 까닭이 없습니다. 다만, 주는 사람은 깨끗하게 공양함으로써 주는 사람의 의무는 다한 거지요.

무행공신　양무이익<br>
**無行空身**은 **養無利益**이요<br>
무상부명　애석불보<br>
**無常浮命**은 **愛惜不保**니라.<br>
수행 없는 헛된 몸뚱이는 길러 봐야 아무런 이익이 없고,<br>
덧없는 뜬 목숨은 애착해 아껴도 보존할 수 없느니라.

일제강점기 독립운동가였던 박상진이 지은 「절명시」에 다음과 같은 부분이 있습니다.

난복생차세상(難復生此世上)<br>
행득위장부신(幸得爲丈夫身)<br>
무일사성공거(無一事成功去)<br>
청산소녹수빈(靑山笑綠樹嚬)<br>
다시 이 세상에 태어나기 어려운지라<br>
다행히도 장부의 몸을 얻었건만<br>
한 가지의 일도 성공하지 못하고 간다면<br>
청산이 비웃고 녹수가 안타까워하는구나.

무상부명인 줄을 알아야 무상발심을 할 수가 있고, 무상발심을 하면 무상도심, 무상보리심無上菩提心을 발할 수가 있습니다. 무상보리심은 무상無相입니다. 모양이 없다는 말입니다. 어떤 상이 있어서는 안 되거든요. 나다 너다, 좋다 나쁘다, 길다 짧다 등의 상이 없어야 합니다. 따라서 뜬구름과 같은 무상無常한 목숨이기 때문에 집착한들 영원하지 않다는 도리를 깨닫는 것이 우선입니다. 제관생멸무상심諦觀生滅無常心이 즉시무상보리심卽是無上菩提心이라. 즉 생멸무상을 아는 그 마음이 곧 그대로 무상보리심입니다.

'공신'은 자기수행이 없는 것은 아무 의미 없는 몸뚱이라는 뜻입니다. 공신은 키워 봐야, 먹여 봐야, 목숨을 살려 봤자 본인에게도 이익이 안 되고 다른 사람에게도 이익이 안 된다는 거죠. 세상에 쓸모 있고 보탬이 되어야 합니다. 돈을 많이 벌면 그 돈으로 많은 사람에게 베푸는 일을 해야 되고, 공부를 많이 한 사람은 자기 소신을 확신할 때 모든 것을 희생하더라도 그로 인해 많은 사람들에게 이익이 되도록 해야 합니다. 그래야 본인에게도 유익하고 다른 사람에게도 유익하죠. 절을 잘 짓는 사람은 절을 잘 지어서 많은 사람들이 기도하고, 예배드리고, 참선하도록 하는 것도 베푸는 일입니다.

『화엄경』에 '인생난득人生難得 불법난봉佛法難逢, 사람의 몸 받아 태어나기 어렵고 또한 부처님 법 만나기 어렵다'라고 했습니다. 그리고 『열반경』에는 '맹구우목盲龜遇木, 불법 만나기가 눈먼 거북이가 바다에서 떠도는 나무를 만나는 것과 같다'라고 했습니다다. 또 『법구경』에는 '세간유불난世間有佛難 불법난득문佛法難得聞, 부처님이 세상에 나시기 어렵고, 그 부처님 법을 얻어 듣기 어렵다'라고 했습니다. 인간과 불법佛法을 모두 얻었으니 더 이상 다행은 없습니다. 불법 만났으면 인생의 진정한 의미와 모든 존재의 실다운 이치를 부처님의 가르침을 통해서, 깨달은 분의 가르침을 통해서 습득하고, 스스로 깨우쳐서 거기에 맞는 삶을 영위할 줄 알아야 하는 거죠. 그것이 바로 불법을 만난 보람입니다.

　우리의 생명은 한限이 있습니다. 좋은 약을 쓰고, 건강관리를 아무리 잘한다 하여도 얼마 가지 못합니다. 사실 의미 있고 많은 사람들에게 이익이 되는 삶이라면 한 달을 더 살아도 세상에 큰 이익이 되고 보탬이 되겠지만 그렇지도 못하다면 생명연장이 꼭 의미 있는 일일까 하는 생각도 해봅니다. 죽음은 어차피 오기 마련인데 어떻게 사느냐의 문제지, 크게 연연해 할 일은 아닙니다. 생명은 아무리 잘 연장해 봐야 한두 달 더 사는 것이고, 잘해 봐야 1~2년 더 사는 것인데, 아등바등할 필요가 있겠습니까. '무상한 생명은 아무리 아끼고 아껴 봤자 오래 보전하지 못한다'. 이러한 사실을 환히 꿰뚫어 알아 가치 있고, 의미 있고, 보람된 삶을 살라는 뜻이 담겨 있습니다.

# 제6강

망 용 상 덕　　능 인 장 고
**望龍象德**하야 **能忍長苦**하고

기 사 자 좌　　영 배 욕 락
**期獅子座**하야 **永背欲樂**이니라.

용상의 덕을 바라면서 능히 긴 세월의 괴로움을 참고,
사자의 자리를 기약하여 길이 욕락을 등지고 살아야 한다.


행 자 심 정　　제 천　　공 찬
**行者心淨**하면 **諸天**이 **共讚**하고

도 인　　연 색　　선 신　　사 리
**道人**이 **戀色**하면 **善神**이 **捨離**하나니라.

수행자의 마음이 깨끗하면 하늘이 함께 칭찬하고,
도인이 색을 그리워하면 선신들이 버리고 떠나 버린다.

사 대 홀 산    불 보 구 주
四大忽散이라 不保久住니

금 일 석 의    파 행 조 재
今日夕矣라 頗行朝哉인저

사대가 홀연히 흩어져 버리는 것이라 오래도록 머묾이 보장되지 않는다.

오늘이 벌써 저녁인가 했더니 어느새 아침이 오는구나.

세 락    후 고    하 탐 착 재
世樂이 後苦어늘 何貪着哉며

일 인    장 락    하 불 수 재
一忍이 長樂이어늘 何不修哉리오.

세상의 욕락이 죽은 뒤의 고통이거늘 어찌 탐착하며,
한 번 참는 것이 긴 즐거움이거늘 어찌 닦지 아니하리오.

도 인 탐    시 행 자 수 치
道人貪은 是行者羞恥요

출 가 부    시 군 자 소 소
出家富는 是君子所笑니라.

도 닦는 이가 탐심을 가지는 것은 수행자로서 수치요,
출가한 사람이 부를 누리는 것은 군자의 비웃음거리다.

망 용 상 덕 　　능 인 장 고
**望龍象德**하야 **能忍長苦**하고

기 사 자 좌 　　영 배 욕 락
**期獅子座**하야 **永背欲樂**이니라.

용상의 덕을 바라면서 능히 긴 세월의 괴로움을 참고,
사자의 자리를 기약하여 길이 욕락을 등지고 살아야 한다.

　제가 「발심수행장」 중에서 특히 좋아하는 구절입니다. 제가 어릴 때 출가해서 끝없이 높은 성불의 경지를 그 당시의 지식과 상식으로 나름대로 상상을 하고, 그 상상에 이르기 위해 부단히 정진할 때 항상 마음속으로 다짐하던 구절들입니다.
　수행의 길이란 물론 즐거워서 하고 재미가 있어서 하고 자기가 좋아서 하는 것이지만, 한편으론 고행의 연속이거든요. 이 길은 하루 이틀에 끝날 일도 아니고, 한두 달에 끝날 일도 아니고, 또한 한두 해에 끝날 일도 아니며, 한두 생에 끝날 일도 아닙니다. 이 길에 한 번 들어서면 세세생생 이 길만을 가리라는 마음가짐으로 해야 합니다.
　피곤하면 쉬고, 졸리면 자면서 해도 좋고, 안 해도 좋다는 식으로 해서는 안 됩니다. 부처님을 보십시오. 부처님은 고행을 통해 성도를 이룬 뒤에도 얼마나 많은 정진을 하셨고, 얼마나 많은 중생을 위해 노력하셨습니까. 그야말로 길에서 태어나서 길에서 사시다가 결국 길에서 열반에 드신 분의 일생이 바로 부처님이십니다. 부처님의 제자는 바로 부처님의 그와 같은 삶을 본받고,

그와 같은 삶이 인생의 가장 큰 보람이고 의미 있는 길이라고 생각하는 사람들만의 모임이라 할 수 있습니다. 때문에 세세생생 할 일이고 영원히 할 일입니다.

용과 코끼리와 사자는 동물 중에서도 왕이라고 하죠. 또한 덕과 지혜와 자비를 상징하기도 합니다. 결제 들어갈 때 각자 맡아서 해야 할 소임을 짜는 일을 용상방龍象榜을 짠다고 합니다. 그것은 모두 용상대덕을 희망하기 때문이죠. 즉, 비록 지금은 수행자의 길에 입문한 지 얼마 되지 않았지만, 부처님의 제자가 되어 용맹정진을 통해 용과 코끼리와 사자와 같은 덕을 지닌 최고의 인격자인 부처님과 같이 되기 위한 마음으로 결제에 임하기 때문입니다.

사자와 같이 왕 중의 왕, 즉 부처님이 되기 위해서는 세속적인 즐거움과 욕망 등을 다 포기해야 합니다. 어쩌면 한 인간으로서의 포기일 수도 있습니다. 오직 수행자로서의 삶이며, 부처로서의 삶을 살 뿐 더 이상 세속적 욕락에 헤매는 인간으로서의 삶은 살지 않겠다는 각오를 되새기고 또 되새기는 거죠. 풀어지면 다짐하고 풀어지면 또 다짐하는 것을 수백, 수천, 수만 번을 거듭하면서 자기 자신을 채찍질하고 마음을 조아 가는 것이 바로 수행하는 길입니다.

신라 말 고운 최치원 선생은 당나라에서 장원 급제하고 벼슬을 살다가 우리나라에 다시 건너오죠. 최치원 선생은 열여섯 살에 당나라에 유학을 갔습니다. 10년 안에 급제를 하지 못하면 그때는 내 아들이 아니라고 유학길의 아들에게 아버지가 말합니다. 열여섯 살의 최고운은 아버지의 말씀을 듣고 6년 만에 급제를 하게 되지요. 당나라에서도 아주 높은 벼슬을 하다가 신라에 돌아와서는 한림학사라는 벼슬을 합니다. 그리고 한림학사 벼슬을 하다가 뜻한 바가 있어 영원히 수도나 하며 세상에 나오지 않겠다는 각오로 벼슬을 다 내려놓고 가야산에 들어갑니다. 그때 마침 해제철이었는지 스님들은 걸망을 지고 가야산에서 내려오고, 최고운 선생은 가야산에 들어가다가 홍류동 계곡에서 서로 맞닥뜨리게 됩니다. 세상을 등지고 산에 들어가서 수행하겠다는 서릿발 같은 다짐을 하고 들어가는 최고운 선생의 입장에서 걸망 지고 내려오는 스님들을 보니 실망이 크고 한심하기도 했습니다. 산이 좋아 산에서 수행하겠다는 마음으로 산에 들어가서는 해제가 무슨 상관입니까. 한 번 들어갔으면 다시는 나오지 말아야죠. 이러한 마음을 갖고 들어가는 최고운 선생은 산에서 내려오는 스님들을 보고서는 시를 하나 짓습니다.

승호막도청산호(僧乎莫道靑山好)
산호여하부출산(山好如何復出山)
시간타일오종적(試看他日吾踪迹)
일입청산갱불환(一入靑山更不還)
스님들이여 청산이 좋다고 말하지 말라.
청산이 좋다면 왜 다시 산에서 나오는가.
시험 삼아 뒷날 나를 잘 지켜보시오.
나는 한 번 청산에 들어가서는 다시는 나오지 않으리라.

어린 시절 걸망 지고 다닐 때 『반야심경』보다 더 많이 외우고 다닌 시입니다. 그중에서도 마지막 구절은 정말 많이 외웠습니다. 마음이 흐트러질 때면 '일입청산갱불환, 한 번 청산에 들어서 다시는 돌아오지 않을 것이다, 한 번 청산에 들어서 다시는 돌아오지 않을 것이다'라는 말을 끊임없이 되뇌면서 다짐하고 또 다짐했죠. 원효 스님께서 말씀하신 용상의 덕을 희망하여 길이 오랜 고통을 참고, 사자의 자리를 기약해서 영원히 세속적인 욕망과 즐거움을 다 등질 것이라는 말과 '일입청산갱불환'이라는 말은 그 뜻이 같은 거죠. 청산에 들어간다는 것은 단순히 산에 들어간다는 뜻은 아닙니다. 산에야 나무하러 들어갈 수도 있고, 약초 캐러 들어갈 수도 있고, 산삼 캐러 들어갈 수도 있습니다. 때문에 꼭 산에서 사는 것만이 중요한 뜻이 아니죠. 산에 들어간다는 진정한 뜻은 원효 스님께서 말씀하신 이러한 의미를 담고 있습니다.

행자심정 제천 공찬
**行者心淨**하면 **諸天**이 **共讚**하고

도인 연색 선신 사리
**道人**이 **戀色**하면 **善神**이 **捨離**하나니라.

수행자의 마음이 깨끗하면 하늘이 함께 칭찬하고,
도인이 색을 그리워하면 선신들이 버리고 떠나 버린다.

『능엄경』에 '십습인十習因 육교보六交報'라고 열 가지 익힌 버릇이 인을 지어서 여섯 가지의 교보를 받아 18대 지옥을 만든다고 하였습니다. 열 가지 인으로 첫째는 음란한 버릇, 둘째는 탐착하는 버릇, 셋째는 교만한 버릇, 넷째는 성내는 버릇, 다섯째는 속이는 버릇, 여섯째는 거짓된 버릇, 일곱째는 원망하는 버릇, 여덟째는 나쁜 소견으로 변명하는 버릇, 아홉째는 모함하는 버릇, 열째는 들추어내는 버릇입니다.

여섯 가지의 교보로 첫째는 보는 업보가 나쁜 결과를 불러오는 것, 둘째는 듣는 업보가 나쁜 결과를 불러오는 것, 셋째는 냄새 맡는 업보가 나쁜 결과를 불러오는 것, 넷째는 맛을 탐하는 업보가 나쁜 결과를 불러오는 것, 다섯째는 접촉의 업보가 나쁜 결과를 불러오는 것, 여섯째는 생각의 업보가 나쁜 결과를 불러오는 것입니다.

이 모든 지옥은 중생들 스스로가 지은 업습業習으로 말미암아서 만들어진다는 것입니다. 염라대왕이 만드는 것도 아니고, 조물주가 있어서 지옥을 만드는 것이 아니고, 모든 중생의 미망에 의한 업습으로 말미암아서 만들어진다는 것입니다. 그런데 마음이 청정하면 제천이 칭찬을 한다는 거죠. 제천이 칭찬하게 되면 어떻게 되느냐. 아무리 곤란한 일에 처하더라도 어려움이 없어요.

사 대 홀 산　　불 보 구 주
四大忽散이라 不保久住니

## 今日夕矣라 頗行朝哉인저
금일석의　　파행조재

사대가 홀연히 흩어져 버리는 것이라 오래도록 머묾이 보장되지 않는다.

오늘이 벌써 저녁인가 했더니 어느새 아침이 오는구나.

아침에 건강하게 출근했던 사람이 송장이 되어 돌아오기도 하고, 어제까지 괜찮던 사람이 오늘 병들었다는 소식이 들리고, 며칠 전 헤어졌던 사람이 그새 죽었다는 소식이 들립니다. 생명을 기약할 수 없는 것이 인생입니다. 지수화풍 사대로 된 인간의 생명은 문득 흩어져 오랫동안 머무는 것을 보장할 수 없습니다. 그 아무도 영원한 생명을 보장할 수 없습니다. 부처님과 보살님도, 돈과 명예도, 부모자식과 형제자매라 하여도 인간의 수명을 단 일 분 일 초라도 연장할 수 없습니다.

『주자』에 다음과 같은 구절이 있습니다.

인무백세인(人無百歲人)
왕작천년계(枉作千年計)
일월서의(日月逝矣)
세불아연(歲不我延)
백 살을 사는 사람이 없건만
천 년 살 계획을 세우는구나.
날과 달은 가고

세월은 나를 기다리지 않는다.

사람들이 모여 어떤 일을 하는데 몹시 서두르는 사람이 있으면 우스갯소리로 "그렇게 바쁘면 어제부터 오지 왜 이제야 와서 그렇게 서두르느냐"고 말합니다.

수행자는 이 길이 참으로 좋은 길이고, 이 일이 가치 있는 일이라고 생각하면 촌음을 다투어야 합니다. 시간은 기약할 수 없기 때문입니다.

<br>

世樂<sub>세락</sub>이 後苦<sub>후고</sub>어늘 何貪着哉<sub>하탐착재</sub>며
一忍<sub>일인</sub>이 長樂<sub>장락</sub>이어늘 何不修哉<sub>하불수재</sub>리오.

세상의 욕락이 죽은 뒤의 고통이거늘 어찌 탐착하며,
한 번 참는 것이 긴 즐거움이거늘 어찌 닦지 아니하리오.

<br>

세상의 즐거움은 설탕물과도 같아요. 설탕물은 단맛이 끝나면 쓴맛이 돌아오죠. 그러나 담담한 냉수는 처음부터 냉수이므로 뒷맛도 맑습니다.

세상에는 온갖 유혹들이 많습니다. 오욕락五欲樂이라 하잖아요. 재욕財欲·성욕性欲·음식욕飮食欲·명예욕名譽欲·수면욕睡眠欲의 즐거움이 끊임없이 유혹합니다. 내 몸이 하자고 하는 대로 하게 되면 끝이 없습니다. 그런데 한 번 참고 견디어 내면 점점

늘게 되죠. 그리고 견디는 데 힘이 붙어 득력을 하게 됩니다. 고통을 참는 것도 재미가 있어요. 그 나름대로 맛이 있거든요.

고봉화상은 다음과 같은 말씀을 남기셨습니다.

분금강지 일념만년(奮金剛志 一念萬年)
회광반조 찰이부관(廻光返照 察而復觀)
혼침산란 진력가편(昏沉散亂 盡力加鞭)
천마만련 전전신선(千磨萬鍊 轉轉新鮮)
일구월심 밀밀면면(日久月深 密密緜緜)

금강 같은 굳은 뜻을 세워 한 생각이 만년 가게 하라.
빛을 돌이켜 반조하여 살피고 다시 관찰하다가
혼침 산란이 생기거든 힘을 다해 채찍질을 할지어다.
천 번 만 번 단련하면 더욱더욱 새로워질 것이요
날이 오래고 달이 깊어지면 정밀하게 이어져서 계속되리라.


도 인 탐　　시 행 자 수 치
道人貪은 是行者羞恥요
출 가 부　　시 군 자 소 소
出家富는 是君子所笑니라.

도 닦는 이가 탐심을 가지는 것은 수행자로서 수치요,
출가한 사람이 부를 누리는 것은 군자의 비웃음거리다.

탐심은 탐·진·치 삼독심三毒心과 같은 의미입니다. 수행자가 가장 경계해야 할 것이 바로 삼독심이죠. 수행한다는 것은 탐·진·치의 삼독심을 여의는 과정이라고도 할 수 있습니다.

탐욕은 탐애貪愛라고도 합니다. 자기가 원하는 것에 욕심을 내어 집착하는 것, 자기의 뜻에 맞는 일에 집착하는 것, 정도를 넘어서서 욕심을 부리는 것, 명성과 이익을 지나치게 좋아하는 것 등이 모두 이에 해당합니다. 일반적으로 식욕·색욕·재욕·명예욕·수면욕 등을 들어 5욕五慾이라 합니다. 특히, 여자의 경우는 얼굴의 아름다움에 대한 욕망·옷치장에 관한 욕망·아름다운 몸매에 관한 욕망·아름다운 음성에 대한 욕망·피부의 윤기에 대한 욕망 등 6욕을 더 가지고 있다고 하죠.

진에는 분노하는 것으로서, 미워하고 성내는 것을 말합니다. 따라서 진에는 분노뿐만 아니라 시기와 질투까지 모두 포함하고 있죠. 이 진에는 수행을 하는 데 가장 큰 허물이 되는 것이며, 다스리기도 어렵습니다.

우치는 현상이나 사물의 도리를 이해할 수 없는 어두운 마음으로서, 있는 그대로의 모습을 판단할 수 없습니다. 따라서 우치는 모든 번뇌가 일어나게 되는 원인이기도 합니다.

이와 같이 삼독은 중생을 생사의 윤회 속으로 빠뜨리는 근원이 됩니다. 따라서 삼독을 여의면 곧 고苦를 떠나서 열반의 경지에 도달할 수 있죠.

『팔대인각경八大人覺經』에 수행자는 다음과 같이 살아야 한다는 가르침이 전해 오고 있습니다.

인욕제일장(忍辱第一壯)

지족제일부(知足第一富)

무병제일리(無病第一利)

선우제일친(善友第一親)

열반제일락(涅槃第一樂)

참고 견디는 것이 제일 장사요

족함을 아는 것이 제일 부자고

병 없음이 제일의 이익이며

좋은 벗이 제일 친한 이요

열반이야말로 제일의 즐거움이니라.

제3부

지금, 여기의 삶

# 제7강

<sub>차 언</sub> <sub>부 진</sub> <sub>탐 착 불 이</sub>
遮言이 不盡이어늘 貪着不已하며

<sub>제 이 무 진</sub> <sub>부 단 애 착</sub>
第二無盡이어늘 不斷愛着하며

<sub>차 사 무 한</sub> <sub>세 사 불 사</sub>
此事無限이어늘 世事不捨하며

<sub>피 모 무 제</sub> <sub>절 심 불 기</sub>
彼謀無際어늘 絶心不起로다.

하지 말라는 말이 다하지 않거늘 탐착하기를 그만두지 않으며,

다음에 하겠다고 미루는 것이 다할 때가 없거늘 애착을 끊지 아니하며,

이 일은 끝이 없거늘 세상일을 버리지 않으며,

저 도모하는 일이 끝이 없거늘 끊으려는 마음을 일으키지 않는다.

금일부진　　조악일다
今日不盡이어늘 造惡日多하고

명일무진　　작선일소
明日無盡이어늘 作善日少하며

금년부진　　무한번뇌
今年不盡이어늘 無限煩惱하고

내년무진　　부진보리
來年無盡이어늘 不進菩提로다.

　오늘, 오늘 하는 것이 다함이 없거늘 악을 짓는 것이 날로 많아지고,

　내일, 내일 하는 것이 다함이 없거늘 선을 행하는 것은 날로 적어지며,

　올해만, 올해만 하는 것이 다함이 없거늘 한없는 번뇌에 시달리고,

　내년에, 내년에 하는 것이 다함이 없거늘 보리에 나아가지 아니하도다.


시시이이　　속경일야
時時移移하야 速經日夜하고

일일이이　　속경월회
日日移移하야 速經月晦하며

월월이이　　홀래년지
月月移移하야 忽來年至하고

년 년 이 이 　　잠 도 사 문
**年年移移**하야 **暫到死門**하나니

시간 시간이 옮기고 옮겨서 낮과 밤이 빨리 지나가고,
하루하루가 옮기고 옮겨서 보름과 그믐이 빨리 지나가며,
한 달 한 달이 옮기고 옮겨서 홀연히 해가 가고 해가 오고,
한 해 한 해 옮기고 옮겨서 잠깐 사이에 죽음의 문턱에 이른다.

차 언　　　부 진　　　　탐 착 불 이
　遮言이 不盡이어늘 貪着不已하며

　　　제 이 무 진　　　부 단 애 착
　第二無盡이어늘 不斷愛着하며

　　　차 사 무 한　　　세 사 불 사
　此事無限이어늘 世事不捨하며

　　　피 모 무 제　　　절 심 불 기
　彼謀無際어늘 絕心不起로다.

　하지 말라는 말이 다하지 않거늘 탐착하기를 그만두지 않으며,
　다음에 하겠다고 미루는 것이 다할 때가 없거늘 애착을 끊지 아니하며,
　이 일은 끝이 없거늘 세상일을 버리지 않으며,
　저 도모하는 일이 끝이 없거늘 끊으려는 마음을 일으키지 않는다.


　'遮言'은 '자언'과 '차언' 두 가지로 씁니다. 이것, 저것 할 때는 '자언'으로 쓰며, 막는다고 할 때는 '차언'으로 씁니다. '자언이 부진'으로 쓰면 '이러한 말이 다하지 않는다'로 풀이되고, '차언이 부진'으로 쓰면 '막는 말이 다하지 않는다'로 풀이됩니다.
　제이무진은 제이가 다함이 없다는 말입니다. 첫 번째는 잘못을 해도 한 번 실수는 병가상사兵家常事라고, 다음에 실수를 하지 않으면 됩니다. 그런데 수행을 계속 미루는 거죠. 탐착하는 마음을 끊어야 하는데 이 핑계, 저 변명으로 끊지를 못해요. 그래서

제이가 항상 제이지요. 수행하는 사람, 도 닦는 사람의 입장에서 보면 시대를 나누어 이야기할 바가 되지 않습니다. 그 옛날 신라 시대나 지금이나 마찬가지라는 거죠. 그 누구도 이러한 사실에 자유로울 수도 없는 게 사실입니다.

세상의 모든 사람들이 똑같습니다. '이것만, 이번에만, 이 일만' 하고 그만두겠다고 하는 것이 한이 없다는 겁니다. 특히, 세상사를 버리지 않고 출가하려는 마음을 먹는 사람들이 있어요. 언젠가는 출가해야겠다고 마음만 먹는 거죠. 그런데 이런 인연, 저런 인연에 이끌리고, 이 일만 해결하고, 저 일만 마무리해 놓자 하면서 세월만 보내는 거죠. 출가할 수 있는 조건이 갖추어질 줄로 믿는 사람이 있어요.

석가모니 부처님께서도 일찍이 출가하려고 했었죠. 그런데 부왕이 아들 하나 낳아서 대라도 잇도록 해 달라는 간청에 출가가 늦어졌어요. 그리고 어느 날 아무도 모르게 출가를 단행합니다. 소위 성을 벗어나 멀리 도망을 간 거죠. 집안 식구 몰래 도망가지 않고서는 출가하는 경우가 드물어요.

도망을 간다는 것은 세상의 일을 더 이상 도모하지 않겠다는 의지이기도 합니다. 도모하는 일을 끝내지 않으면 출가할 수 없기 때문이죠. 정치가 어떻게 돌아가든, 후계자를 누구로 삼든, 부인이 애석해 하든지 말든지 따질 일이 아닙니다.

금일부진　　　조악일다
**今日不盡**이어늘 **造惡日多**하고

명일무진　　　작선일소
**明日無盡**이어늘 **作善日少**하며

금년부진　　　무한번뇌
**今年不盡**이어늘 **無限煩惱**하고

내년무진　　　부진보리
**來年無盡**이어늘 **不進菩提**로다.

오늘, 오늘 하는 것이 다함이 없거늘 악을 짓는 것이 날로 많아지고,

내일, 내일 하는 것이 다함이 없거늘 선을 행하는 것은 날로 적어지며,

올해만, 올해만 하는 것이 다함이 없거늘 한없는 번뇌에 시달리고,

내년에, 내년에 하는 것이 다함이 없거늘 보리에 나아가지 아니하도다.

옛날 문가文嘉의 시에 다음과 같은 내용이 있어요.

명일부명일(明日復明日)

명일하기다(明日何其多)

아생대명일(我生待明日)

만사성차타(萬事成蹉跎)

세인개피명일루(世人皆被明日累)
춘거추래로장지(春去秋來老將至)
조간수거류(朝看水去流)
모간일서추(暮看日西墜)
백년명일능기하(百年明日能幾何)
청군청아명일가(請君聽我明日歌)

내일 또 내일 하니
내일이 어찌 그리 많은가.
일생동안 내일을 기다리다가 살았노라.
넘어지고 헛디디었을 뿐이다.
사람들이 모두 내일에 속아 살고 있으니
봄이 가고 가을이 오고 그러면 늙어 간다.
아침에 본 물은 이미 흘러가 버렸고
저녁에 본 해는 서산에 떨어졌다.
백 년 동안 내일, 내일 했지만 내일이 얼마이던가?
그대에게 이르노니, 나의 내일의 노래 들어라.

또 당나라 때의 문인 장구령의 시에 다음과 같은 내용이 있습니다.

숙석청운지(宿昔靑雲志)
차타백발년(蹉跎白髮年)
수지명경리(誰知明鏡裏)

형영자상련(形影自相憐)
옛날 청운의 꿈을 품고 벼슬길에 나갔는데
미끄러져 넘어지니 백발노인이 되었네.
누가 알리요. 밝은 거울 속의 그림자와
거울을 보고 있는 내가 서로 측은히 여기는 것을.

오늘부터, 금년부터 잘해야지 하지만 한없이 번뇌만 만들게 되고, 내일부터, 내년부터는 특별히 잘해야지 하지만 그 또한 한없이 번뇌만 만듭니다. 수행은 하지 않고 매일매일을 탐심과 애착으로 살다 보니 악업은 많아지고 선업은 적어지며, 번뇌는 쌓이고 깨달음과는 멀어집니다. 시간과 세월은 사람을 기다리지 않는다고 했습니다. 게으름을 피우다가 후회해 봐야 아무런 소용이 없습니다.

『백유경』에 다음과 같은 말씀이 있습니다.

금일영차사(今日營此事)
명일조피사(明日造彼事)
낙착불각고(樂着不覺苦)
불각사적지(不覺死賊至)
오늘은 이 일을 경영하고
내일은 저 일을 만든다.
그 일에 즐거워 괴로움을 모르다가
자기도 모르는 사이에 죽음에 이르도다.

하루하루를 진실하게 최선을 다하는 삶 그 자체가 수행이며 깨달음의 길입니다. 죽고 사는 문제는 초월되는 것이죠. 고통 없이 편안히 죽어야겠다는 생각도 필요 없습니다. 생각 그 자체가 또 다른 번뇌를 만들 뿐입니다.

<br>

시 시 이 이　　속 경 일 야
**時時移移**하야 **速經日夜**하고
일 일 이 이　　속 경 월 회
**日日移移**하야 **速經月晦**하며
월 월 이 이　　홀 래 년 지
**月月移移**하야 **忽來年至**하고
년 년 이 이　　잠 도 사 문
**年年移移**하야 **暫到死門**하나니

시간 시간이 옮기고 옮겨서 낮과 밤이 빨리 지나가고,
하루하루가 옮기고 옮겨서 보름과 그믐이 빨리 지나가며,
한 달 한 달이 옮기고 옮겨서 홀연히 해가 가고 해가 오고,
한 해 한 해 옮기고 옮겨서 잠깐 사이에 죽음의 문턱에 이른다.

여러분 모두가 경험적으로 잘 아실 겁니다. 어릴 때는 시간이 천천히 흘러가는 것 같았는데, 40대가 되면 시속 40km로 달리는 자동차 같고, 50대가 되면 시속 50km로 달리는 자동차 같

고, 60대가 되면 시속 60km로 달리는 자동차와 같이 달리는 시간이 눈에 훤히 보여요. 어릴 때는 보이지도 않던 시간이 나이를 먹다 보니 다 보이고, 세상에서 빠른 것은 세월뿐이라는 생각밖에 없습니다. 그러면서도 좋은 일은 더 많이 하지 못하고, 지혜를 갈고 닦아 현명하게 살려는 노력을 크게 기울이지도 않고 있습니다. 큰 병이죠.

음력 7, 8월 무렵에는 신년이 까마득하게 남은 것 같죠. 그런데 어느새 설이 지나고 봄을 맞이하게 됩니다. 세월은 참으로 빠르고 무상함을 실감하게 됩니다. 그러다 보면 잠깐 사이에 죽음의 문턱에 다다르게 되죠. 위산 영우 스님은 『치문』에서 다음과 같이 경책하고 있습니다.

무상노병(無常老病)
불여인기(不與人期)
조존석망(朝存夕亡)
찰나이세(刹那異世)
무상한 인생, 늙고 병드는 일이
사람을 기약하지 않네.
아침에 살아 있다가 저녁에 죽고 마니
찰나 사이에 다른 세상이 되어 버렸네.

『전심법요』에서 황벽 스님 역시 다음과 같이 경책하고 있습니다.

진금생거 출식 불보입식(盡今生去 出息 不保入息)

　금생이 다할 때 숨 내쉬는 것이 숨 들이쉬는 것을 보장하지 못한다.

# 제8강

파거불행　　노인불수
**破車不行**이요 **老人不修**라

와생해태　　좌기난식
**臥生懈怠**하고 **坐起亂識**이니라.

부서진 수레는 가지 못하고 늙어지면 수행하기 어려운지라,
누워서 게으름을 피우고 앉아서 어지러운 생각만 일으키고
있구나.


기생불수　　허과일야
**幾生不修**어늘 **虛過日夜**하며

기활공신　　　일생불수
**幾活空身**이어늘 **一生不修**오.

얼마나 살 것이기에 닦지 아니하고 헛되이 밤낮을 보내며,
헛된 몸이 얼마나 살아 있을 것이라고 일생을 닦지 않는가?

신 필 유 종　　　후 신　 하 호
**身必有終**하리니 **後身**은 **何乎**아

  막 속 급 호　　막 속 급 호
**莫速急乎**며 **莫速急乎**아

몸은 반드시 죽고 마는 것이니, 죽은 다음에 받는 몸은 어찌할 것인가?

급하지 아니한가, 생각할수록 급하지 아니한가?

파거불행　노인불수
**破車不行**이요 **老人不修**라

와생해태　좌기난식
**臥生懈怠**하고 **坐起亂識**이니라.

부서진 수레는 가지 못하고 늙어지면 수행하기 어려운지라, 누워서 게으름을 피우고 앉아서 어지러운 생각만 일으키고 있구나.

나이를 먹어 늙어지면 자기 한 몸 건사하는 데도 다할 수가 없죠. 자기 몸 관리도 제대로 못하는데 수행이 어디 있습니까? 책을 보려니 눈이 침침하여 신경질 나지, 머리에 들어오지 않아 온갖 망상으로 꽉 차 있지, 힘은 들어 그야말로 고장 난 수레입니다. 때문에 게으름만 부리고, 자꾸 눕고 싶은 거죠.

'인생난득人生難得이요, 불법난봉佛法難逢이라'. 사람 몸 만나기 어렵고 불법 만나기 어려운데, 우리는 다행히 불법을 만나는 인연을 갖추었습니다. 나이가 들어도 염불을 하든지, 화두를 들든지, 경을 읽든지 간단하고 단순한 수행법을 정해 한 가지에 집중하면 좋습니다. 『반야심경』을 외우거나 사경을 해도 좋습니다. 불교에는 수행 방편이 매우 많고, 우열이 없기 때문에 자기의 성격과 체질에 맞는 수행법을 정하여 지속적으로 하면 됩니다. 불교라는 보물창고를 발견했으니 주머니에 한껏 주워 담아야죠. 그것으로써 내 생을 삼고 걸어가야 합니다.

『초발심자경문』「자경문」에 다음과 같은 구절이 있습니다.

만반장불거(萬般將不去)
유유업수진(唯有業隨身)
만 가지를 다 가져가지 못함이요.
오직 업만 몸을 따라갈 뿐이다.

다음 생에 가져가지 못하는 것은 결코 진정한 재산이 아닙니다. 다음 생에 가져갈 수 있는 공덕, 또 진리에 대한 깊은 이해, 선행을 많이 해서 닦은 공덕 등만 다음 생에 가져가는 거죠. 이게 진짜 재산입니다. 통장이 아무리 많아도 가져갈 수 있습니까. 수백 평의 논밭이 자기 앞으로 등기되어 있다 한들 다음 생에까지 등기이전 됩니까. 안 되는 일이지 않습니까.
공부하는 업, 마음 닦는 업, 복 짓는 업, 현명하고 지혜롭게 사는 업을 지음으로 해서 이러한 인연이 결국은 다음 생을 좌지우지하는 거죠.

욕지전생사(欲知前生事)
금생수자시(今生受者是)
욕지래생사(欲知來生事)
금생작자시(今生作者是)
만약 전생의 일을 알고자 한다면
금생에 받는 것을 보면 알 수 있을 것이요.
만약 다음 생의 일을 알고자 한다면
금생에 행한 일을 보면 알 수 있을 것이다.

우리 불자들은 금생에 부처님 법을 만나 죽는 순간까지 정진하고 정진하여야 합니다. 그렇게 하다 보면 정신이 맑아지고 머리가 총명해져 열반에 들어도 지속되거든요. 다음 생에 지혜롭고 총명한 머리로 태어나자마자 '일문천오一聞千悟' 하는 거죠. 한 가지를 들으면 천 가지를 깨닫는 혜택이 있게 됩니다. 이 얼마나 좋은 일입니까. 우리는 그러한 가르침을 만난 거죠.

　　기 생 불 수　　　허 과 일 야
　　幾生不修어늘 虛過日夜하며
　　기 활 공 신　　　일 생 불 수
　　幾活空身이어늘 一生不修오.
얼마나 살 것이기에 닦지 아니하고 헛되이 밤낮을 보내며,
헛된 몸이 얼마나 살아 있을 것이라고 일생을 닦지 않는가?

제가 출가를 하게 된 직접적인 게송이 『초발심자경문』「자경문」에 있는 다음과 같은 구절입니다.

　　삼일수심천재보(三日修心千載寶)
　　백년탐물일조진(百年貪物一朝塵)
　　삼 일 동안 닦은 마음 천 년의 보배요,
　　백 년 동안 탐한 재물 하루아침의 티끌이로다.

제가 어릴 때 이웃에 사찰이 있었는데 그 사찰에 자주 놀러 갔습니다. 제 또래의 스님이 있었는데 하루는 그 스님이 『초발심자경문』의 이 구절을 소개하는 거예요. 이 소리를 듣고는 큰 충격을 받았지요. 내가 공부할 길이 바로 이 길이구나라는 생각을 했어요.

그리고 이어서 소개한 글이 『명심보감』에 있는 내용이었습니다.

화호화피난화골(畵虎畵皮難畵骨)
지인지면불지심(知人知面不知心)
범을 그리는데 가죽은 그릴 수 있지만 뼈는 그리지 못하고,
사람을 알되 그 얼굴은 알지만 속마음은 이해할 수 없다.

평소에 어떻게 하면 출가입산하는 기회를 만들까 궁리하던 차에 이 구절을 듣고 결정적으로 출가를 결심하게 되었지요.

불법을 만나지 못했다면 굳이 수행에 대해 언급할 필요가 없었겠죠. 불법 만난 소중한 인연을 지었기에 열심히 정진하자는 겁니다.

진정眞淨 극문克文 스님은 다음과 같은 게송으로 우리를 경책하고 있습니다.

체발인경설만도(剃髮因驚雪滿刀)
방지세월불상요(方知歲月不相饒)
도생탈사근성불(逃生脫死勤成佛)

막대명조여후조(莫待明朝與後朝)

삭발하다가 칼날 위에 흰 털이 수북한 것을 보고 새삼 놀라는 것은,

남은 세월이 이제 얼마 되지 않은 것을 비로소 알았기 때문이다.

생사를 벗어나기 위해 부지런히 정진하여 성불해야 하나니,

내일이 있고 또 내일이 있다고 기다리지 말라.


身<sub>신</sub>必<sub>필</sub>有<sub>유</sub>終<sub>종</sub>하리니 後<sub>후</sub>身<sub>신</sub>은 何<sub>하</sub>乎<sub>호</sub>아

莫<sub>막</sub>速<sub>속</sub>急<sub>급</sub>乎<sub>호</sub>며 莫<sub>막</sub>速<sub>속</sub>急<sub>급</sub>乎<sub>호</sub>아

몸은 반드시 죽고 마는 것이니, 죽은 다음에 받는 몸은 어찌할 것인가?

급하지 아니한가, 생각할수록 급하지 아니한가?

「법성게」에 다음과 같은 구절이 있습니다.


무량원겁즉일념(無量遠劫卽一念)

일념즉시무량겁(一念卽是無量劫)

한량없는 긴 세월이 바로 한 생각이요,

한 생각이 바로 또한 한량없는 세월이다.

세상에는 죽지 않는 사람이 없습니다. 석가, 달마, 공자, 맹자도 그러하며, 황벽과 임제도 모두 죽었습니다. 중요한 것은 '다음 몸을 어떻게 기약하겠느냐'입니다. 다음 몸이 동물로 태어날지, 사람으로 태어날지 알 수 없습니다. 사람으로 태어나도 좋은 사람으로 태어날지 나쁜 사람으로 태어날지, 또 존귀하고 학식이 높은 사람으로 태어날지 천박하고 무식한 사람으로 태어날지를 알 수 없습니다.

우리가 지금 이생에 불법을 만났을 때 열심히 수행함으로써 다음 생이 보장이 된다는 겁니다. 때문에 낮잠 자고, 밤잠 잘 시간이 없죠. 급하고도 급한 일입니다.

이것을 발심發心이라고 합니다. 발심은 인생의 소중함을 알고 불법 만난 인연을 감사히 여겨 참으로 의미 있고 보람되고 큰 가치를 누리면서 살 수 있기를 바라는 마음입니다. 즉 깨달음을 구하려는 마음, 깨달음의 경지에 이르려는 마음, 깨달음의 지혜를 갖추려는 마음을 내는 것이죠. 다음 생도 떳떳하고 당당하게 맞이할 수 있는 길을 모색하는 것입니다. 이것이 바로 발심수행發心修行이죠. 발심수행은 모든 중생들에게 이익이 되고자 수행하는 것입니다. 염불을 하든지 진언을 하든지 화두를 하든지 기질과 인연에 따라 하는 것이며, 다만 나[我]를 버리고 일체중생의 이익이 되고자 하는 마음입니다. 발심을 바탕에 두고 정진해 나가면 나날이 지혜와 자비심은 증장하고, 마음과 몸이 안락함을 이룰 수 있습니다. 따라서 불교를 공부하는 데 발심이 가장 중요합니다.

『전심법요』에서 황벽 스님은 다음과 같이 경책하고 있습니다.

고운 착력금생 수료각(故云 著力今生 須了卻)
수능루겁수여앙(誰能累劫受餘殃)
그러므로 힘을 붙여서 금생에 모름지기 마쳐 버릴지니
누가 감히 세세생생토록 남은 재앙을 받겠는가.

원효 스님은 발심하기를 바라고, 발심해서 수행하기를 바라는 마음으로 천하의 명문을 우리에게 남기셨습니다.
우리 불자들은 「발심수행장」을 열심히 읽고 수행정진하여 원효가 내가 되고, 내가 원효가 되어 원효 스님과 내가 둘이 아닌 경지를 이루기를 희망해 봅니다.

끝으로 임제 스님께서 남기신 게송을 소개합니다.

수처작주(隨處作主)
입처개진(立處皆眞)
어느 곳에서든지 주인이 되라.
지금 있는 그곳이 참된 행복이다.

발심수행장發心修行章 종終

# 발심수행장 원문

## 발심수행장 원문

부제불제불　　장엄적멸궁
**夫諸佛諸佛**이 **莊嚴寂滅宮**은

어다겁해　　사욕고행
**於多劫海**에 **捨欲苦行**이요

모든 부처님과 부처님이 적멸궁을 장엄하는 것은,
오랜 세월 욕심을 버리고 고행을 하셨기 때문이요.


중생중생　　윤회화택문
**衆生衆生**이 **輪廻火宅門**은

어무량세　　탐욕불사
**於無量世**에 **貪慾不捨**니라.

중생마다 불난 집의 문을 윤회하는 것은,
한량없는 세상을 살아오면서 탐욕을 버리지 않기 때문이니라.

무방천당　소왕지자
無防天堂에 少往至者는

삼독번뇌　위자가재
三毒煩惱로 爲自家財요

막지 않는 천당에 이르는 사람이 적은 것은,
탐·진·치 삼독의 번뇌로 자기의 재물을 삼기 때문이요.


무유악도　다왕입자
無誘惡道에 多往入者는

사사오욕　위망심보
四蛇五欲으로 爲妄心寶니라.

유혹하지 않는 악한 길에 이르는 사람이 많은 것은,
네 가지 요소와 다섯 가지 욕망으로 망심의 보배를 삼았기 때문이다.


인 수 불 욕 귀 산 수 도
人誰不欲歸山修道리요마는

이 위 부 진　애 욕 소 전
而爲不進은 愛欲所纏이니라.

사람으로서 누군들 산에 돌아가서 도 닦고 싶어 하지 않으랴마는,
애욕에 얽히어서 하지 못할 따름이다.

연이불귀산수수심
然而不歸山藪修心이나

수자신력　　불사선행
隨自身力하야 不捨善行이어다.

산에 돌아가서 마음을 닦지 못한다 하더라도,
자신의 능력에 따라 선행을 버리지 말아야 한다.


자락　능사　　신경여성
自樂을 能捨하면 信敬如聖이오

난행　능행　　존중여불
難行을 能行하면 尊重如佛이니라.

세속에서 즐겨야 할 낙을 능히 버린다면 성인처럼 신뢰와 공경 받을 것이요,
행하기 어려운 일을 능히 행하면 부처님처럼 존경받을 것이다.


간탐어물　시마권속
慳貪於物은 是魔眷屬이요

자비보시　시법왕자
慈悲布施는 是法王子니라.

재물을 아끼고 탐하는 사람은 마구니의 권속에 불과하고,
자비로운 마음으로 베푸는 사람은 부처님의 제자이다.

고 악 아 암　　지 인 소 거
高嶽峩巖은 智人所居요

벽 송 심 곡　　행 자 소 서
碧松深谷은 行者所棲니라.

높은 산은 지혜로운 사람이 머물 곳이요,
깊은 골짜기는 수행자가 깃들 곳이다.


기 찬 목 과　　위 기 기 장
飢飡木果하야 慰其飢腸하고

갈 음 유 수　　식 기 갈 정
渴飮流水하야 息其渴情이어다.

배고프면 나무 열매 따 먹고 주린 창자를 달래고,
목마르면 흐르는 물을 마시며 갈증을 푼다.


끽 감 애 양　　차 신　　정 괴
喫甘愛養하여도 此身은 定壞요

착 유 수 호　　명 필 유 종
着柔守護하여도 命必有終이니라.

좋은 음식 먹고 몸을 잘 돌봐도 끝내 죽고 마는 몸이요,
부드러운 옷으로 감싸 줘도 이 목숨 길이 살지 못하니라.


조 향 암 혈　　위 염 불 당
助響巖穴로 爲念佛堂하고

애 명 압 조   위 환 심 우
哀鳴鴨鳥로 爲歡心友니라.

메아리 울리는 바위 동굴로 염불당을 삼고,
슬피 우는 새소리로 마음을 기쁘게 하는 벗을 삼을 것이니라.

배 슬   여 빙      무 연 화 심
拜膝이 如氷이라도 無戀火心하며

아 장   여 절      무 구 식 념
餓腸이 如切이라도 無求食念이니라.

절하는 무릎이 얼음처럼 차더라도 따뜻한 불 생각 말고,
주린 창자가 끊어질 것 같더라도 밥 생각을 말 것이니라.

홀 지 백 년      운 하 불 학
忽至百年이어늘 云何不學이며

일 생   기 하    불 수 방 일
一生이 幾何관대 不修放逸고

홀연히 백 년에 이르거늘 어찌 배우지 아니하며,
한평생이 얼마기에 수행하지 않고 방일하는가?

이 심 중 애   시 명 사 문
離心中愛를 是名沙門이요

불 연 세 속   시 명 출 가
不戀世俗을 是名出家니라.

마음속에 모든 애착 떠난 이를 사문이라 이름하고,
세속을 그리워하지 않는 것을 출가라 이름한다.

<u>행 자 라 망</u>　　<u>구 피 상 피</u>
**行者羅網**은 **狗被象皮**요

<u>도 인 연 회</u>　　<u>위 입 서 궁</u>
**道人戀懷**는 **蝟入鼠宮**이니라.

수행자가 번뇌의 그물에 걸리는 것은 개가 코끼리 가죽을 뒤집어쓴 것이요,
도를 닦는 사람이 이성을 그리워하는 것은 고슴도치가 쥐 집에 들어가는 격이다.

<u>수 유 재 지</u>　　<u>거 읍 가 자</u>
**雖有才智**나 **居邑家者**는

<u>제 불</u>　　<u>시 인</u>　　<u>생 비 우 심</u>
**諸佛**이 **是人**에 **生悲憂心**하시고

<u>설 무 도 행</u>　　　<u>주 산 실 자</u>
**設無道行**이라도 **住山室者**는

<u>중 성</u>　　<u>시 인</u>　　<u>생 환 희 심</u>
**衆聖**이 **是人**에 **生歡喜心**하나니라.

비록 재주와 지혜가 있다 하나 도시에 사는 사람은
모든 부처님이 이 사람에 대해 슬퍼하는 마음을 내고,
설사 도를 닦는 수행이 없더라도 산에 머무는 자에게는

모든 성인이 이 사람에게 기쁜 마음을 내느니라.

　　　　수 유 재 학　　　　무 계 행 자
　　　　雖有才學이나 無戒行者는

　　　　여 보 소 도 이 불 기 행
　　　　如寶所導而不起行이요

　　　　수 유 근 행　　　　무 지 혜 자
　　　　雖有勤行이나 無智慧者는

　　　　욕 왕 동 방 이 향 서 행
　　　　欲往東方而向西行이니라.

비록 재주와 학식이 있으나 계행이 없는 사람은
보배 있는 곳으로 인도하되 일어나 가지 않는 것과 같은 것이요,
비록 부지런히 행하더라도 지혜가 없는 사람은
동쪽으로 가고자 하나 서쪽으로 가는 격이니라.

　　　　유 지 인　　소 행　　증 미 작 반
　　　　有智人의 所行은 蒸米作飯이요

　　　　무 지 인　　소 행　　증 사 작 반
　　　　無智人의 所行은 蒸沙作飯이니라.

지혜 있는 사람이 행하는 바는 쌀을 쪄서 밥 짓는 것과 같은 것이고,
지혜 없는 사람이 행하는 바는 모래를 쪄서 밥 짓는 것과 같다.

공 지 끽 식 이 위 기 장
共知喫食而慰飢腸하되

부 지 학 법 이 개 치 심
不知學法而改癡心이로다.

누구나 배고프면 밥을 먹어 주린 창자를 채울 줄은 알지만,
법을 배워 어리석은 마음을 고칠 줄은 모른다.


행 지 구 비　　여 거 이 륜
行智具備는 如車二輪이요

자 리 이 타　　여 조 양 익
自利利他는 如鳥兩翼이니라.

행과 지혜를 갖추는 것은 수레의 두 바퀴와 같고,
자리이타는 새의 두 날개와 같은 것이다.


득 죽 축 원　　불 해 기 의　　역 불 단 월　　응 수 치 호
得粥祝願호대 不解其意하면 亦不檀越에 應羞恥乎며

득 식 창 패　　부 달 기 취　　역 불 현 성　　응 참 괴 호
得食唱唄호대 不達其趣하면 亦不賢聖에 應懺愧乎아

죽을 얻고 축원을 하면서도 그 뜻을 알지 못하면 또한 시주에
게 부끄러운 일이 아닐 수 없으며,
밥을 얻고 염불하되 그 취지를 통달하지 못하면 또한 성현에
게 참회하고 부끄럽게 여겨야 하지 않겠는가?

인 오 미 충    불 변 정 예
人惡尾蟲이 不辨淨穢인달하여

성 증 사 문    불 변 정 예
聖憎沙門이 不辨淨穢니라.

사람은 미충이 깨끗하고 더러움을 가리지 않음을 싫어하듯이
성인은 사문이 깨끗하고 더러움을 가리지 못함을 싫어하느
니라.


기 세 간 훤    승 공 천 상    계 위 선 제
棄世間喧하고 乘空天上은 戒爲善梯니

시 고    파 계    위 타 복 전
是故로 破戒하고 爲他福田은

여 절 익 조    부 귀 상 공
如折翼鳥가 負龜翔空이라.

세간의 시끄러운 것을 버리고 천상에 오르는 것은 계가 좋은
사다리가 된다.
그렇기 때문에 계를 파하고 남의 복전이 되려는 것은
날개 꺾인 새가 거북이를 업고 하늘을 날려는 것과 같다.


자 죄    미 탈    타 죄    불 속
自罪를 未脫하면 他罪를 不贖이니라.

연　　기무계행　　수타공급
然하니 豈無戒行하고 受他供給이리오.

자기 허물을 벗어 버리지 못하면 남의 허물을 구해 낼 수 없는 것이니라.

그러니 어찌 계를 지켜 수행하지 않고 남의 공양을 받으리오.


무행공신　양무이익
無行空身은 養無利益이요

무상부명　애석불보
無常浮命은 愛惜不保니라.

수행 없는 헛된 몸뚱이는 길러 봐야 아무런 이익이 없고,
덧없는 뜬 목숨은 애착해 아껴도 보존할 수 없느니라.


망용상덕　능인장고
望龍象德하야 能忍長苦하고

기사자좌　영배욕락
期獅子座하야 永背欲樂이니라.

용상의 덕을 바라면서 능히 긴 세월의 괴로움을 참고,
사자의 자리를 기약하여 길이 욕락을 등지고 살아야 한다.


행자심정　제천　공찬
行者心淨하면 諸天이 共讚하고

도인　　연색　　　선신　　사리
　　道人이 戀色하면 善神이 捨離하나니라.

수행자의 마음이 깨끗하면 하늘이 함께 칭찬하고,
도인이 색을 그리워하면 선신들이 버리고 떠나 버린다.


　　사 대 홀 산　　　불 보 구 주
　　四大忽散이라 不保久住니

　　금 일 석 의　　파 행 조 재
　　今日夕矣라 頗行朝哉인저

사대가 홀연히 흩어져 버리는 것이라 오래도록 머묾이 보장되지 않는다.
오늘이 벌써 저녁인가 했더니 어느새 아침이 오는구나.


　　세 락　　후 고　　　하 탐 착 재
　　世樂이 後苦어늘 何貪着哉며

　　일 인　　장 락　　　하 불 수 재
　　一忍이 長樂이어늘 何不修哉리오.

세상의 욕락이 죽은 뒤의 고통이거늘 어찌 탐착하며,
한 번 참는 것이 긴 즐거움이거늘 어찌 닦지 아니하리오.


　　도 인 탐　　시 행 자 수 치
　　道人貪은 是行者羞恥요

출가부    시군자소소
出家富는 是君子所笑니라.

도 닦는 이가 탐심을 가지는 것은 수행자로서 수치요,
출가한 사람이 부를 누리는 것은 군자의 비웃음거리다.


차언    부진      탐착불이
遮言이 不盡이어늘 貪着不已하며

제이무진        부단애착
第二無盡이어늘 不斷愛着하며

차사무한        세사불사
此事無限이어늘 世事不捨하며

피모무제        절심불기
彼謀無際어늘 絶心不起로다.

하지 말라는 말이 다하지 않거늘 탐착하기를 그만두지 않으며,
다음에 하겠다고 미루는 것이 다할 때가 없거늘 애착을 끊지 아니하며,
이 일은 끝이 없거늘 세상일을 버리지 않으며,
저 도모하는 일이 끝이 없거늘 끊으려는 마음을 일으키지 않는다.


금일부진      조악일다
今日不盡이어늘 造惡日多하고

명일무진　　　작선일소
明日無盡이어늘 作善日少하며

금년부진　　　무한번뇌
今年不盡이어늘 無限煩惱하고

내년무진　　　부진보리
來年無盡이어늘 不進菩提로다.

오늘, 오늘 하는 것이 다함이 없거늘 악을 짓는 것이 날로 많아지고,

내일, 내일 하는 것이 다함이 없거늘 선을 행하는 것은 날로 적어지며,

올해만, 올해만 하는 것이 다함이 없거늘 한없는 번뇌에 시달리고,

내년에, 내년에 하는 것이 다함이 없거늘 보리에 나아가지 아니하도다.


시시이이　　　속경일야
時時移移하야 速經日夜하고

일일이이　　　속경월회
日日移移하야 速經月晦하며

월월이이　　　홀래년지
月月移移하야 忽來年至하고

년년이이　　　잠도사문
年年移移하야 暫到死門하나니

시간 시간이 옮기고 옮겨서 낮과 밤이 빨리 지나가고,
하루하루가 옮기고 옮겨서 보름과 그믐이 빨리 지나가며,
한 달 한 달이 옮기고 옮겨서 홀연히 해가 가고 해가 오고,
한 해 한 해 옮기고 옮겨서 잠깐 사이에 죽음의 문턱에 이른다.


파 거 불 행　　　노 인 불 수
破車不行이요 老人不修라
와 생 해 태　　　좌 기 난 식
臥生懈怠하고 坐起亂識이니라.
부서진 수레는 가지 못하고 늙어지면 수행하기 어려운지라,
누워서 게으름을 피우고 앉아서 어지러운 생각만 일으키고 있
구나.


기 생 불 수　　　허 과 일 야
幾生不修어늘 虛過日夜하며
기 활 공 신　　　일 생 불 수
幾活空身이어늘 一生不修오.
얼마나 살 것이기에 닦지 아니하고 헛되이 밤낮을 보내며,
헛된 몸이 얼마나 살아 있을 것이라고 일생을 닦지 않는가?


신 필 유 종　　　후 신　　하 호
身必有終하리니 後身은 何乎아

막 속 급 호　막 속 급 호
**莫速急乎**며 **莫速急乎**아

몸은 반드시 죽고 마는 것이니, 죽은 다음에 받는 몸은 어찌할 것인가?

급하지 아니한가, 생각할수록 급하지 아니한가?


발심수행장發心修行章 종終

# 무비 스님의 발심수행장 강의

초판 1쇄 펴냄 2015년 03월 13일
초판 2쇄 펴냄 2015년 05월 15일

강　　설 | 무비 스님
발 행 인 | 이자승
편 집 인 | 김용환
펴 낸 곳 | (주)조계종출판사

편　　집 | 김재호, 오유진, 김소영
디 자 인 | 오시현, 윤나라
제　　작 | 윤찬목, 인병철
마 케 팅 | 김영관

출판등록 | 제300-2007-78호(2007.04.27)
주　　소 | 서울 종로구 우정국로 67 대한불교조계종 전법회관 7층
전　　화 | 02-720-6107~9
팩　　스 | 02-733-6708
홈페이지 | www.jogyebook.com
도서보급 | 서적총판사업부 02-998-5847
구입문의 | 불교전문서점 02-2031-2070~3 / www.jbbook.co.kr

ⓒ 무비 스님, 2015

ISBN 979-11-5580-041-6 03220

· 책값은 뒤표지에 있습니다.
· 저작권법에 의하여 보호를 받는 저작물이므로 무단으로 복사, 전재하거나 변형하여 사용할 수 없습니다.
· (주)조계종출판사의 수익금은 포교 · 교육 기금으로 활용됩니다.
· 이 도서의 국립중앙도서관 출판예정도서목록(CIP)은 서지정보유통지원시스템 홈페이지(http://seoji.nl.go.kr)와 국가자료공동목록시스템(http://www.nl.go.kr/kolisnet)에서 이용하실 수 있습니다.
   (CIP제어번호: CIP2015007132)